馬伯庸笑翻中國簡史

從戰國到民國，揭密兩千年朝代更迭德性史

馬伯庸 著

suncolor 三采文化

序

貫穿中國歷史的主題

二〇〇四年，我在紐西蘭讀書。我所在的小城鎮是個極其無聊的地方，晚上一過六點，大部分店鋪就關門了。有的同學和異性朋友聚會，有的同學開車去另外一個城市的賭場消遣。而我作為一個標準的宅男，只想縮在家裡看書或者上網。這裡的大學圖書館中文書很有限，而且多是學術類的，幾乎沒有流行小說，我反覆搜檢，只借到了一本《史記》回去翻，翻來翻去，無意中看到了劉邦斬白蛇的故事。

人在窮極無聊的時候，思維往往特別敏銳，看事物的角度也與平時不同。《史記》我從前讀過，浮光掠影一掃而過，但當我再次讀到這故事時，空虛的腦子裡卻突然產生一個小小疑問——為什麼會有這麼一個故事？這個疑問很小，卻在我的腦海裡反覆糾纏，揮之不去。我心想左右無事，遂決定查查資料考證一番，為自己把這個疑問徹底解決。

我最初的目的，只想為一個小小問題找出一個小小答案。我從斬白蛇查到了赤帝，從赤帝又查到了顧頡剛的疑古論，從顧頡剛又順藤摸瓜找到劉歆，接下來三統說、五德終始說、天人感應一路調查下去……結果我很快發現，隨著考證的不斷深入，範圍越來越廣，資料越來越多，從一個漢初小典故的冰山一角，竟牽扯出縱貫整個中國歷史的大主題。

這感覺有點像是《ＭＩＢ星際戰警》裡的威爾．史密斯，本來只是個抓小毛賊的員警，最後卻被牽扯進了外星人毀滅地球的大陰謀。到了這個時候，我已經騎虎難下，不能也不捨得停下來，便不自量力地繼續挖掘，並把整個考索過程寫成一篇文章，發布到網路論壇上——這就是本書的雛形。

最初的連載只有三萬多字，興之所至，遊戲文字，因為行文匆忙，還充斥著不少望文生義的敘述和考據錯誤。我的一個朋友赤軍評論說：「你這篇東西裡的漏洞，簡直可以拿來做漁網了。」這次出書，我不敢掉以輕心，三顧赤軍於小飯店，請他幫我把關。赤軍是個有情有義的好漢，不光幫我修訂了若干錯誤，還四處搜集增補了許多材料，終於讓這個漁網變成了一個布袋。在這裡要對其特別鳴謝。

歷代王朝的德性是一件無聊而重要的大事，如何把一件無聊的事儘量說得有意思又保證精準詳實，是一項很有挑戰性的工作。如果讀者能夠開卷通讀不悶，掩卷略有所得，我想我就心滿意足了。

目錄

第3章 魏晉南北朝

第4章 從隋到宋

第5章 宋代以降

第1章

秦的統一

古人老早就開始為解釋天命找出一套理論，
既然上天和君主之間存在著心電感應，
自然就有規律可循。
從夏商周論到春秋戰國，
終於找到最好的詮釋——五德終始說！

從劉邦斬白蛇說起

《史記》裡竟記載著這樣一個神祕故事，暗喻劉邦為赤帝之子？

著名史學家司馬遷曾在《史記》裡講了這麼一個奇妙、令人難以置信的故事。

那時候漢高祖劉邦還叫劉季，正任職泗水亭長，某次押送民夫去驪山做苦工，半道上民夫就逃了一大半。於是劉季乾脆瀆職到底，把人全給放了，然後帶著十來個新收的小弟收拾行裝，打算上山落草❶去。

那一晚，劉季喝得醉醺醺的，趁著月色，領著小弟就奔一片沼澤地裡跑過去了。走著走著，有個探路的小弟回來稟報，說前面有好大一條蛇攔住了去路，還是繞道走吧。

劉季酒壯人膽，聞言是一梗脖子，一挺胸脯，口出狂言，說：「我們是壯士，壯士走在道上，有什麼好怕的？」於是衝上前去，拔出劍來，就把那條蛇給剁成了兩截。然後大家高高興興走了過去。

離奇的事情隨後就發生了，據說在劉季他們走過去以後，又有什麼不知死活的傢伙半夜裡走小路，來到了大蛇被斬的地界，突然瞧見一位老太太正跟什麼放聲痛哭，哭得這叫一個慘呀。

那人就問了：「老人家，你為什麼哭啊？」老太太回答：「我兒子讓人給殺啦，所以我才哭啊。」那人挺八卦，就繼續問：「你兒子是為了什麼被殺呢？又是被什麼人給殺了呢？」老太太一張嘴，口氣凶得嚇人一跳：「我的兒子是白帝之子啊，化身為一條大蛇，攔在道上，如今被赤帝的兒子給殺了。」

八卦男聽了這麼荒誕的事情，差點一口老血噴出八丈遠[2]——哦，你兒子是白帝的兒子，那麼你老太太就是白帝的媳婦了，白帝是什麼玩意？白帝是西方天帝啊，沒想到我大半夜的走小路，竟然撞上個天后娘娘，烏漆嘛黑見神仙，說出來誰信！於是當場揪住老太太說：「你胡說八道，想要隱瞞殺人的真相，走，見官去！」誰料想老太太「呼」的一聲，突然間就消失不見了。這下可把八卦男給嚇壞了，只好哆哆嗦嗦、連滾帶爬地繼續往前走。

轉過頭來說劉季，他喝多了酒再一砍蛇，活動了筋骨，醉意就直泛上來，走出沒多遠就趴地上睡著了，小弟們只好跟旁邊伺候著。就這樣，八卦男走了沒多遠，就追上了劉季一行人。說來也巧，劉季早不醒，晚不醒，八卦男一來他就醒了，八卦男就問：「你們有沒有見到一位老太太在路邊哭？我見到了，如此如此，這般這般，可嚇人哪！」

劉季聽了這話一驚——原來我殺的不是蛇啊，是什麼白帝之子，這麼說來，我也不是個凡人哪，我可是赤帝之子！哈，他立刻尾巴就翹上天了，照照鏡子，怎麼看怎麼覺得自己非同凡響，真是太了不起啦。小弟們當然更吃驚，從此對劉邦是又害怕又恭敬，鐵下心來要跟著這位老大去打遍江山了。

拿現在的眼光來看，這個故事實在是有點荒誕不經，只能當神話傳說看，不能當真。古代人迷信，古代史書裡多多少少都會摻和些這類神神鬼鬼的故事。

可這個神鬼故事，卻有三大奇處。

其一，司馬遷寫《史記》，上起三皇五帝，年代久遠無法考證，那年月除了神話傳說也找不到什麼真實材料，神神鬼鬼的本就難免；可是作為漢朝的臣子，漢朝的真實歷史資料司馬遷應該都全，他卻偏要把這麼一個荒誕不經的故事堂皇記錄在案，這究竟是為什麼呢？

其二，為什麼一聽到這麼個「又白又紅」的故事，劉邦心裡就美滋滋的，而周圍的小弟從此也更敬畏他了呢？神仙是很了不起啦，可是墮入凡間的神仙的兒子就不見得多了不起了。

其三，我想現在要是有人能穿越回去跟劉邦講這個故事，劉邦自己都得一頭霧水。這跟「大楚興，陳勝王」不一樣，不是為了政治宣傳而在當時就編造出來的革命故事。估計在劉邦整個革了秦朝的命，進而革了西楚的命，再削平諸侯，然後帶一身傷踏踏實實回長安做最後一兩年太平天子的時候，他都還沒有聽說過這個故事。

好吧，我們就來嘗試回答這幾大奇處。首先，司馬遷作為漢朝的臣子，寫漢朝的歷史，那就身不由己，有些事情明知道是真他也不敢亂寫，有些事情明知道是假也必須記錄在案，這個漢高祖斬蛇起義的故事，就屬於後一類。當然，還有另外一種可能性，那就是這件怪事原本《史記》裡並沒有，是後人學術造假，硬塞進去的。關於這種可能性，暫且放在一邊，後面有機會再做詳談。

其次，劉邦之所以一聽到這麼個「又紅又白」的事情發生在自己身上就高興，是因為這類事情的象徵意義非凡，說明老天爺在他劉季落草八字還沒一撇的時候，就敲定了會讓他得到整個天下。

最後，也是最重要的，是這個故事劉邦本人從來沒有聽到過，因為那是後人編造的。倘若由劉邦來編這個故事，他說不定會把自己編成是黑帝之子，而不是什麼赤帝之子——至於為什麼是黑帝之子，這事後面再談。所有這一切，都要涉及中國歷代王朝全都關心的一件超級無聊的大事，也是再重要不過的宣傳方針：德性。

❶此處指淪落草野為盜匪。
❷一丈等於十公尺。

典故

高祖以亭長為縣送徒驪山，徒多道亡。自度比至皆亡之，到豐西澤中，止飲，夜乃解縱所送徒。曰：「公等皆去，吾亦從此逝矣！」徒中壯士願從者十餘人。高祖被酒，夜徑澤中，令一人行前。行前者還報曰：「前有大蛇當徑，願還。」高祖醉，曰：「壯士行，何畏！」乃前，拔劍擊斬蛇。蛇遂分為兩，徑開。行數里，醉，因臥。後人來至蛇所，有一老嫗夜哭。人問何哭，嫗曰：「人殺吾子，故哭之。」人曰：「嫗子何為見殺？」嫗曰：「吾子，白帝子也，化為蛇，當道，今為赤帝子斬之，故哭。」人乃以嫗為不誠，欲告之，嫗因忽不見。後人至，高祖覺。後人告高祖，高祖乃心獨喜，自負。諸從者日益畏之。

——《史記・高祖本紀》節選

倒楣的無名數學家

自古多少人致力於解釋天命，古中國人才有了太極，有了《周易》！

所謂「德性」，這個「德」就是指的道德，所謂「天命無常，惟有德者居之」，可見中國人幾千年前就在講以德治國了。至於「性」，指的是屬性。德性就是道德的屬性，國家政權的屬性。

西方講究「君權神授」，中國講究「受命於天」，兩者雖然表面上瞧著意思差不多，不過具體操作起來區別可就大了。西方的神再怎麼無形體無容貌，三位一體，終究有其實在的一面，而中國的「天」則徹底是個虛的概念。就好像「道」一樣，虛無縹緲而又無處不在，彷彿《一九八四》

裡的老大哥，隨時偷窺君主的行為，假如君主做了什麼狗屁倒灶的事，這天就會颳風下雨打雷，或者鬧點洪水瘟疫什麼的；如果君主多做善事，老天爺自然讓你陽光普照，天下太平。

古人們認為，人類和大自然是緊密相連、須臾不可分的，並且這種聯繫和影響不是單向的，而是雙向的。也就是說，不是無緣無故天降大旱、洪水導致人間歉收，或者天上打雷人間不孝子遭雷劈，而是人類不修德、不敬神才引來災害，人間出了不孝子才引來天上打雷。

尤其是普天下的唯一君主即「天子」，既然是天的兒子，那麼天老子的意願就會隨時傳達給兒子，而兒子的行為也會直接觸發天老子的各種異象。所以我們讀歷史書，經常看到只要哪裡遭災了，皇帝就趕緊又是下「罪己詔」，又是節衣縮食停建樓臺館舍的。最不濟，也得勒令他的主要助手，也就是宰相辭職。

既然上天和君主之間是有心靈感應的，那麼這種心靈感應就應當是有規律可循的。於是，古代大賢人或者大閒人們就這麼琢磨出來了，他們的原則是洞察這個規律，並將之理論化；如果沒有這麼一個規律，那就杜撰一個出來。

想要洞察兩個事物之間的規律，當然先要弄明白這兩個事物本身究竟是怎麼一回事。天子好說，就算有大群馬屁精整天在天子身上挖掘神性，基本上，這種神性仍是隱性的，很少表露於外，而表露於外的九成都是人性。大家都是人，人是怎麼回事呢，就算很難往細裡研究，大概的架構是不會錯的。可是天究竟是怎麼回事呢？人是氮、鈣、磷等元素合成的，天又是由什麼元素合成的呢？天都有哪些屬性呢？

我提到了「元素」，在中國古代，這個詞的意思是最原始、最本色的事物。不過，在現代漢語中，「元素」一詞的含義則來源於西方，是指組成宇宙萬物最基本的要素。

最早的元素學說產生於古希臘——被尊為「古希臘七賢」之一的哲學家泰利斯認為水是萬物之母，另一位思想家阿那克西美尼則認為萬物的本原是氣，被稱為辯證法奠基人之一的赫拉克利特認為萬物由火而生。後來自然科學家、醫生恩培多克勒認為上述幾位說的都在理，可是都不全面，他就把水、氣、火全都拿來，再添上土，稱之為四元素。

這就是西方最基本的四合一古代元素論，其他還有什麼黃膽汁、血液、黏液、黑膽汁四體液說，鹽、汞、硫三本原說等，影響就沒那麼深遠了。古印度人跟古希臘人的主張一樣，很可能是從古希臘傳過去的，不過把四元素的名字改成了地、水、火、風——還有一說則再加上空，變成地、水、火、風、空五元素。

那麼，古代中國人，又是怎麼看待那個虛之又虛、玄之又玄的「天」以及組成宇宙萬物的元素的呢？

比起古希臘人來，古代中國人的思維要形而上得多了，就像天比神更看不見、摸不著一樣。古代中國人最早提出的宇宙根源，同樣虛得一塌糊塗，它叫作太極。

太極是什麼玩意？太就是大，就是最主要的，極就是頂點，是最根本的，不像地、水、火、風，就算看不見也能感受得到，太極你能看得到嗎？能感受得到嗎？

太極的概念，最早出現在《周易》裡，作為《周易》本體的《易傳》裡說：「易有太極，是生兩儀，兩儀生四象，四象生八卦。」

根據歷代閒人們的解說，所謂太極就是宇宙的虛無本體，或者是這個虛無本體還沒有轉化成萬物之前的混沌狀態。神神祕祕，看得人一頭霧水。那麼好吧，太極以後還有兩儀，所謂兩儀就是陰陽，雖然只具備象徵意義，但好歹是個中國人就知道日是陽、月是陰，男是陽、女是陰。再不濟，在太陽底下曝曬一會你就明白什麼叫陽了，躲樹蔭底下乘涼你就知道什麼叫陰了。

還有沒有更具體的呢？兩儀生四象，這看上去跟地、水、火、風有點接近，可能比較好理解一點了吧？你錯了，四象更詭異。

最初的四象不是後來附加上去的什麼青龍、白虎、朱雀、玄武，最初的四象是指少陰、少陽和老陰、老陽，還跟陰陽一樣虛。四象生八卦，八卦是乾、坤、坎、離、巽、震、艮、兌，或者通俗點來說，是天、地、水、火、風、雷、山、澤，瞧上去怎麼都不像是在說什麼生成宇宙的基本要素，而是宇宙已經成形後的各種事物形態。

其實啊，《周易》系統根本是在玩數學遊戲。太極暫且不論，所謂兩儀就是〇和一，二者形成《周易》系統最基本的「爻象」——〇就是陰，是並列的兩根「橫棍」；一就是陽，是單獨一根「橫棍」。上下兩組爻象就合成了四象，也就是上下兩陰為老陰，是〇；上陰下陽為少陽，是一；上陽下陰為少陰，是二；上下兩陽為老陽，是三。三組爻象組成了八卦，從〇排列到七……六組爻象是六十四卦，從〇排列到六十三。

一六八七年，耶穌會傳教士柏應理撰寫了《中國哲學家孔子》一書，其中共計用十三頁對伏羲八卦圖做了介紹。坊間傳言，德國哲學家、數學家萊布尼茲買來一本一翻——我的天，這不是我正在研究的二進位嘛！二進位的發明從此就歸功於萊布尼茲了，而最早制定《周易》系統的中國原始數學家則淹沒在了歷史的浩瀚海洋中。沒辦法，他那一套太形而上了，幾千年來沒幾個人能搞得懂。

《周易》的道路走不通了，那麼中國古代還有沒有別的相對比較形而下一點、比較好理解一點的宇宙論呢？是否有地、水、火、風那樣比較容易被普羅大眾所接受的元素理論呢？雖然出現得晚了一點，不過還真有，那就是五行學說。

花裡胡哨的五行學說

形而上的《周易》，終究被（奇妙但）好用的五行學說取代……

《周易》演變成後來的儒家經典《易經》，歷代摻雜了很多古怪怪的東西進去，而其本體出現，最早不會早過西周初年，最晚不會晚於春秋時代。五行學說比《周易》略微晚出現幾十到幾百年，春秋戰國時代，奇妙的五行學說開始登上哲學舞臺。

春秋戰國「百家爭鳴」，其中有一家叫作「陰陽家」，就是基於陰陽兩儀理論，研究宇宙和萬物根源、構成要素的一派閒人。已經無可考證，究竟是其中哪位陰陽家在經過長期的調查研究、冥想之後，最終拿出了跟西方四元素論非常接近的五行學說。

「行」字的本意是道路，所謂五行，大概是指可以通向最終態太極的五種事物形態吧。五行即金、木、水、火、土，我們可以對比一下古印度的四元素論，水、火雙方都有，土當然就是地，古印度有風五行沒有，五行有金、木，比他們多一樣。

地、水、火、風，可以理解為固體、液體、最常見的一種能量劇烈釋放方式以及氣體。有趣的是，中國古代五行學說裡沒有氣體的容身之地，因為當時的人們根本不知道空氣為何物，至於風，他們認識到那是一種事物變化的現象，但不認為代表或者反映了事物本身。金，可以理解為無生命，而木則是有生命，古代中國人認為它們同樣也是構成宇宙萬物的基本要素。

古希臘、古印度的四元素論自然跟後來的元素週期表沒法比，又粗糙又空泛，還充滿了莫名其妙的神祕主義氣息。中國古代的五行學說也是如此，但中國人另有一功，把五行和陰陽搭配了起來，這麼一組合，就連普羅大眾也都能大致理解五行學說了。

當然，即便把陰陽五行都搭配起來，想要搞清楚老天爺究竟是怎麼一回事，天老子和天兒子之間的關係究竟是怎麼樣的，仍然需要做大量分析研究。可倘若不能解決這兩個重要問題，你再研究多少宇宙構成都是虛的，官方不會贊助，因為他們不在乎，你的名字也因而不可能出現在官方史書上——《周易》的作者和五行學說的發明人連名字帶骨頭全都爛光了，就是明證。為了得到官方的認可、支持、贊助，證明自己的學說對鞏固統治有用，於是乎，一位承先啟後的大陰陽家就此應運而生，他的名字，叫作鄒衍。

歷史從諸侯爭霸的春秋時代，不知不覺就邁入了廝殺更為殘酷、謀的不是霸而是王甚至是帝的戰國時代。戰國七雄裡面，要說最富庶也最太平的，非齊國莫屬——除了找死的齊湣王統治時期。齊國近海，得漁鹽之利，所以富裕，它距離秦國最遠，所以太平，加上齊湣王的悲慘遭遇教育了齊人，往外打就是找死，守著原本的疆土最安全。所以齊國是最後一個被秦軍滅掉的，而且幾乎沒打什麼仗，秦軍一到，奸細直接就把城門給打開了。

那麼，不忙著打仗，不忙著拓土，大部分時間齊君都在忙什麼呢？原來他們在贊助學術研究。百家爭鳴從春秋時代的一盤散沙，演進到戰國時代的各家理論逐漸完善並且相互融合，齊國的貢獻不可小覷，甚至我可以拍胸脯保證，戰國時代的諸子百家，十個裡面有九個得到過齊君的贊助。贊助方式是什麼呢？那就是開學堂，請講師，提供場地和經費讓大家坐下來一起研究和辯論。

齊國所開的學堂，名叫稷下學宮。這個「稷」字，是指齊國都城臨淄的一處城門，「稷下」就是稷門附近的意思。這座高等學府肇建於田氏代齊以後的第三代君主田午時期，田午不是正當繼位的，而是殺了自己的哥哥齊侯田剡，還有侄子田喜，篡位為君的。田午死了以後，諡號為田齊桓公，史稱齊桓公（不是三百多年前的春秋霸主齊桓公）、齊桓公午，或者蔡桓公——成語「諱疾忌醫」就是由他的事蹟產生的，他因為不聽名醫扁鵲的良言相勸，最終病到無藥可救，一命嗚呼。

大概是為了掩蓋自己篡位的惡名吧，這位桓公午創建了稷下學宮，全世界搜羅各派思想家，想通過大搞學術贊助來給自己換得個好名聲。這座官方學院就此建成，一直延續到齊國滅亡，其間產生了大批名聞天下並且影響後世的大教授，比如儒家的孟軻、荀況，法家的申不害，縱橫家魯仲連，還有就是陰陽家鄒衍。

鄒衍，約前三〇五～前二四〇年，齊國人，跟魯仲連和名家的公孫龍是同時代人。據說鄒衍已經徹底想通了上天的奧妙，所謂「盡言天事」，所以當時人送他一個外號，叫「談天衍」——當然啦，是說他專門講解天的道理，不是說他喜歡閒聊，只會說一些今天天氣很不錯之類的話。

這位「談天衍」綜合了前輩關於陰陽五行的研究成果，推出了自己的全新理論，一種叫「大九州說」，一種叫「五德終始說」。「大九州」什麼的與本書主題無關，暫且不論，這個「五德終始說」聽上去很厲害啊，究竟說的是什麼呢？

中國古代的五行學說是很花哨的，作為宇宙基本元素的五行並非靜止不動，它們隨時隨地都在互相影響、互相轉化，就好像陰和陽是相輔相成、互相滲透的一樣。陰陽家們說五行有生剋，所謂生，就是指某一行凝聚得多了，就會從中產生出另一行來；所謂剋，就是指某一行會影響甚至克制另一行。五種元素相生相剋，剋來生去地形成了種種複雜關係，於是宇宙萬物就都因為這些生剋而產生出來，並存在下去，或者演化，直至消亡。五行的生剋規律是：

金生水，水生木，木生火，火生土，土生金；金剋木，木剋土，土剋水，水剋火，火剋金。

這其中某些關係很好理解。比如水生木，就是必須得澆水，草木才能生長；火生土，火把木頭燒光了，變成了灰燼，那不就是土嗎？再比如土剋水，洪水氾濫得靠土堤、圍牆來堵啊；水剋火更簡單，誰都知道用水能澆滅火。但某些關係就理得不那麼順了，土怎麼就生金了？礦物大多是埋在土裡沒錯，可怎麼能算是土生出來的呢？還有，木怎麼就剋土了？理論上植被保持得好，水土才不會流失嘛。但總而言之，理論就這麼出來了，五種元素相生相剋，形成了兩個完整的循環，不但在學術上貌似能夠自圓其說，而且還蘊含著一種圓融的藝術之美。

五行學說出來以後，陰陽家就開始把它們往宇宙萬物上去套，直接能夠套得上的自不必多說，要是瞧著不怎麼能套得上的，那就乾脆篡改事實，以證明理論的正確。比如，用五行套五方：金代表西方，木代表東方，水代表北方，火代表南方，土代表中央，可以完美套用。再比方說，金代表白色，木代表青色，水代表黑色，火代表紅色，土代表黃色。

除此之外，拿五行套人的身體，據說金就代表皮、鼻子、肺和大腸，木就代表筋、眼睛、肝和膽，水就代表骨、耳朵、腎和膀胱，火就代表脈、舌、心臟和小腸，土就代表肉、嘴巴、脾和胃。

而且不僅僅是宇宙萬物中那些看得見、摸得著的東西照套五行，就連一些虛擬的概念，他們也堂而皇之往五行上套。比如玄而又玄的八卦，陰陽家們說了，乾、兌是金，震、巽是木，坤、艮是土，離就是火，坎就是水。再比如計算曆法的天干、地支，也都分了五行。十天干可以被整除，兩個配一個；十二地支整除不了，就四組一對二，一組一對四——什麼甲乙木、丙丁火、壬癸水等等算命用語，就是這麼來的。

五行學說就這樣被一代代陰陽家們前仆後繼、絞盡腦汁地大致完善了，等到稷下公立大學堂資深老教授鄒衍出馬，立刻就直截了當地把宇宙之道和人間之事，也就是天老子和天兒子的關係敲定了下來。影響深遠的「五德終始說」熱辣出爐。

五德有始終

陰陽家最強理論誕生！從古至今的祥瑞、祥物、讖，都是印證！

陰陽家們認為，五行可以完美地套用在萬物甚至萬事上，任何事物只要能分成五類，自然就能呼應五行，要是分不成五類的……那是你分得不夠細。所以不僅僅有形之物、自然之物有五行，就連思想道德都能夠分成五行。

比如，孫武寫《孫子兵法》，提出「將者，智、信、仁、勇、嚴也」，陰陽家馬上指出，沒錯沒錯，這就是五行所演化出來的五德！其實不僅僅將有五德，就連雞都有五德，《韓詩外傳》中就說雞「頭上戴帽子是文，爪子能戰鬥是武，敵人在前敢於衝殺是勇，看到吃的互相招呼是仁，按時啼鳴是信」，歸納起來，雞的五德是文、武、勇、仁、信。

所以有關品德的好詞語非常多，隨便挑五個出來就能算是與五行相配合的五德，比如「溫、良、恭、儉、讓」，比如「忠、仁、誠、節、勇」，各種說法都有，人們莫衷一是。然而五行是有生剋的，五德有沒有生剋呢？你就算能硬拗出忠生仁來，也不可能搞出什麼誠剋勇來不是嗎？但是老教授鄒衍站出來明確表態：沒錯，五德也有生剋，雖然不明顯，但是其循環可見。

鄒老教授認為五行是上天造成萬物的基本屬性，五德是上天賦予人間的基本品德，任何朝代，也都必然偏重於某一種品德。所以，正如五行有生剋、會循環一樣，五德在不同時代也會有所偏重，更明確地說，朝代的德性是會隨著朝代更替而轉變的。更進一步，他大膽地總結並且預言，朝代更替也是德性變更的結果，這就叫「五行相勝」。

鄒老教授沒有明確指出所謂五德究竟是哪五德，估計因為他解決不了忠、仁之類品德相生相剋的關係問題，他只是按照五行，把五德定義為金德、木德、水德、火德和土德。他說，自從天地產生以來，五德轉移，各自都有所因應的朝代……土德以後，木德繼承，再然後是金德、火德、水德……就這麼循環來循環去的，所以也叫「五運」。

那麼，每一個朝代的德，究竟靠什麼來確定呢？這就與中國傳統的另一套玄虛理論有關了，那就是說，既然天象和人事是有關聯、有呼應的，那麼地上發生什麼大事，上天就會事先給出預告。

這些預告有正面的，也有負面的，比如天上飛過彗星、起濃雲，以及地震、海嘯、土石流之類的災禍，那就是負面的，前面說過，人間君主得為此寫檢討，或者讓大臣寫檢討。至於正面的預告，可以分為三大類：一是祥瑞，二是祥物，三是讖。

所謂祥瑞，就是指憑空出現的、瞧上去就必有好事情發生的各種虛無景象，比如有什麼神龍、鳳凰、麒麟降世啊，或者有什麼不同尋常的彩雲出現啊，等等。所謂祥物，就是實實在在的人人都能夠瞧得見、摸得著的吉祥物件。其實嚴格說起來，祥物也屬於祥瑞的大範疇，但這裡所說的狹義的祥瑞是純粹虛構的，比如自古以來到處都有人聲稱見過龍、鳳，但始終沒人逮一條來公之於眾，虛得不能再虛。

祥物呢？比如什麼地方的一株稻子生了三個穗啊，什麼地方的山裡挖出塊大玉石來啦……諸如此類，不管是真是假，是不是偽造的，起碼是個人就能看見，還能去摸上一摸，不是嗎？

第三種是讖。「讖」這個字的發音是「趁」，指的是可能會實現的預言。這裡說的讖，主要包括符讖和讖謠，所謂符讖就是指與預言相關的神祕文書，所謂讖謠就是指民間到處傳唱的神祕、含有預言性質的歌謠或者順口溜。

祥瑞相對應的是不祥，祥物相對應的是不吉祥的事物。前面說了，天上飛過彗星就是不祥，飛過條龍就是祥瑞；地裡刨出塊玉來就是祥物，刨出塊石頭來，並且石頭上還寫著「祖龍死而地分」之類的字眼，就是不吉祥的事物。至於讖，這個詞本身沒有褒貶色彩，可能預示著好事，也可能預示著壞事，還有可能對某些人來說預示著好事，對某些人來說則預示著壞事。

打個比方，古史記載最早的讖謠是「山桑弓，箕木袋，滅亡周國的禍害」❶，據說預示著美人褒姒將要禍亂周朝，導致西周滅亡——傳說「亡國禍水」的褒姒打小就是被一對販賣山桑弓、箕木袋的夫婦所收養的。這原則上屬於預告壞事的讖謠，可是對仇恨周朝的人來說，倒說不定是好事。再比如，陳勝、吳廣造反的時候，自己編造了讖謠「大楚興，陳勝王」，對那哥們倆和楚國遺民來說，當然是好事，對秦朝來說，肯定就是大壞事。

言歸正傳，鄒老教授認為，所謂王朝的德性，就得靠這些祥瑞、祥物和讖來確定。

比如最早的黃帝，碰見過黃龍，還有一條十多丈長、幾公尺粗的大蚯蚓，黃色屬土，蚯蚓也屬土，所以黃帝土德盛。到了虞舜，又稱虞朝，虞朝就是土德。虞朝後面是夏朝，夏朝的開國君主大禹曾經在郊外碰到過青龍，所在之地草木茂盛，青是木色，木又剋土，所以夏朝就是木德。取代了夏朝的是商朝，趕上過山裡面冒出來銀子的好事，故而商屬金，金又剋木，於是商就是金德。到了周代的時候，周天子曾經看到過好大好大一個火流星在宮殿上空盤旋一周，變成無數的火老鴉飛散，火剋金，周自然就是火德了。

老先生這麼著從古到今捋了一通，然後滿意地捋捋鬍子：沒錯，沒錯，五德就是這麼循環交替、貫徹始終的——這就是「五德終始說」。

❶厭弧箕服，實亡周國。西周末年一句著名的讖謠，出自《史記・周本紀》。

第一個稱德的王朝

以往王朝德性都由後人追認，就從秦朝開先例，自己作認證！

「五德終始說」可是個大大的好東西，因為這套理論包容性特別高，誰都可以按照自己的需求去修改。按它的本意，只有擁有正經德性的勢力才能推翻前朝創立新政權，但是此後大家全都反著用，先捏掉前朝，然後再給自己配一個合適的「德」，以證明自己是受命於天的合法政權。這就好像是先上車後補票，先生孩子再領結婚證，先打下伊拉克再找大規模殺傷性武器一樣，古今道理全都相通。

歷代造反派都應當感謝鄒衍，因為既然有了這樣一種先進的理論來武裝和指導，那麼大家吹噓起自己的「受命於天」來就更加理直氣壯了。首先發現這種好處的就是大名鼎鼎的商人、政治家呂不韋，他不僅讓門客把這套理論寫進《呂氏春秋》裡去，並且按照「五德終始說」為今後新王朝的創建積極籌備理論基礎：周是火德，水能滅火，水剋火，嗯嗯，那麼取代周朝的自然就該是擁有水德的王朝啦。

周朝末代君主周赧王大約死於西元前二五六年，是在呂不韋當上秦國相邦❶的七年之前。也就是說，呂不韋召集大群門客編纂《呂氏春秋》的時候，周朝已經滅亡，可是七雄爭霸，新朝代還沒有誕生。

七雄之主雖然已經全都稱了王，可是他們的祖先都只是周王朝分封或者承認的諸侯，名義上是周天子的臣下（包括那個始終不肯真正服從王化的楚國），也從沒統一過天下，自然沒資格擁有正統地位，給予「德」的屬性，所以被自動無視了。呂不韋的目光在朝後看。

——話說這種拿割據勢力不當王朝，既不給正統地位也不論德的計算方式，以後還經常會碰到，並且被變出無窮無盡的新奇花樣，此乃後話，暫且不提。

《呂氏春秋・應同》裡對王朝德性的說明，比當年鄒老教授所言更為詳細，說明了這一門學問始終是在向前發展的。書中說，大凡將有新的帝王、新的王朝興起，上天一定會先降下祥瑞預兆來提醒老百姓。

比如黃帝的時候，上天先生出大蚯蚓和大螻蛄來，於是黃帝就說：「土氣勝！」因為土氣勝，所以流行黃色服裝，辦事也很土。等到大禹的時候，草木經過秋季、冬季都不凋零，於是大禹就說：「木氣勝！」因為木氣勝，所以流行青色服裝，辦事也很木。等到成湯的時候，上天先從水裡生出一柄金刃來，於是成湯就說：「金氣勝！」因為金氣勝，所以流行白色服裝，辦的都是金事。等到周文王的時候，上天先派火老鴉叼著大紅文書聚集在周朝的宗廟裡，於是周文王就說：「火氣勝！」因為火氣勝，所以流行紅色服裝，辦事也很火。替代火德王朝的，一定是水德王朝，上天一定會先預兆水氣勝，因為水氣勝，所以流行黑色服裝，辦的事情都非常水……

至於什麼叫土事，什麼叫金事、水事，呂老相邦及其門客都含含糊糊地不肯明說，對所預見或者不如說所預告的下一個正統有德王朝，會是七雄中哪一國的未來？也暫且閉口不言。當然啦，呂不韋是秦國相邦，肯定得為秦國說話，他這是先埋下伏筆，給新王朝誕生做政治宣傳呢。

呂不韋的預告，很快就在他死後不久變成了現實。從某種意義上來說，也可以說這是預言，因為古往今來，預言只有在變成了現實以後才會被人重視，被人拿出來說事，預言要是變不成現實，不是被人罵瘋子胡扯，就是被徹底遺忘。

呂不韋的預言其實是建立在秦國強大的武力和絕佳的政治、外交態勢基礎上的，而不是什麼天降祥瑞、祥物，或者由符讖、讖謠支撐的荒誕故事。以秦國當時的實力，要說天下不會再統一或許有人信，要是說天下還會統一，但不是由秦國來統一，恐怕根本沒人理睬。

終於，嬴政掃蕩六國，一統天下，並且自封為秦始皇了。這位秦始皇是個很迷信的傢伙，特別相信來自齊地的方士們宣揚的陰陽五行那一套，他想求長生不老，就把方士徐福和童男童女數千人派去了東洋大海；因為遭方士侯生、盧生等人的背叛，結果搞了場「坑儒」的慘劇，那都是家喻戶曉的史實了。

且說秦始皇既然迷信這一類鬼花樣，於是鄒老教授的徒子徒孫們就主動冒了出來，在重複了一番老教授說過的話以後，又翻爛故典❷，好不容易找到了，或者也有可能是徹底找不到因而乾脆直接編造了一則上天新的預示，他們說：當年秦文公出門去打獵的時候，打到過一條黑龍，黑色屬水，由此可見，我強秦統一天下本來就是上天注定的事情啊！

秦始皇聽得有趣，又找來呂不韋的書一翻：「哦，仲父❸早就預見過啦，周朝是火德，我大秦是取代了周朝的，果然是古往今來第一號水德王朝。」

秦始皇雖然逼死了呂不韋，但那是政治需要，他對這位元老師加「仲父」的學問還是挺佩服的，況且又對他有用，於是秦朝是水德王朝這件事就這麼確定下來了。

按照呂不韋所說的，五色裡配合水行，同時也可以配合水德的顏色是黑色，於是大家都紛紛把衣服染成了黑的。秦始皇還特意把黃河改名為「德水」，以炫耀自己政權的正統性。

以往夏商周的「德性」都是後人追認的，從秦朝開始，中國王朝才第一次真正有意識地利用這套「五德終始說」，來系統地為自己的正統性做證明。

俗話說「上行下效」，既然皇帝都如此好興致，下面的馬屁精自然也都一窩蜂地研究起陰陽五行來了。鄒衍的學說本來是為了勸說天子節儉，要他們注重道德，否則就會被推翻、被代替，結果被這群趨炎附勢的傢伙超常發揮以後，逐漸開始變質，什麼稀奇古怪的東西全都冒了出來，作為官方政治理論的五德學說逐漸蛻變成民間風水算命的理論基礎，貽害後世。梁啟超就說過：「陰陽五行說為二千年來迷信之大本營，直至今日，在社會上猶有莫大勢力。」

然而，秦朝這個很水的政權終於歷二世而亡，水德終究沒能保佑中國第一個大一統王朝按照秦始皇的天才創意傳至秦千世、秦萬世。接下來就是楚漢相爭，而「五德終始說」也因此又掀開了亂七八糟的新一頁。

❶即現在大家熟知的「相國」，戰國時代稱為「相邦」。
❷舊時的典制。
❸仲父原指年紀最長的叔父，後被用來作為中國君主對重臣的尊稱，表示視之如父，效法「管仲」之例。

典故

二曰：凡帝王者之將興也，天必先見祥乎下民。黃帝之時，天先見大螾大螻，黃帝曰「土氣勝」，土氣勝，故其色尚黃，其事則土。及禹之時，天先見草木秋冬不殺，禹曰「木氣勝」，木氣勝，故其色尚青，其事則木。及湯之時，天先見金刃生於水，湯曰「金氣勝」，金氣勝，故其色尚白，其事則金。及文王之時，天先見火，赤烏銜丹書集於周社，文王曰「火氣勝」，火氣勝，故其色尚赤，其事則火。代火者必將水，天且先見水氣勝，水氣勝，故其色尚黑，其事則水。

——《呂氏春秋・應同》節選

秦始皇既并天下而帝，或曰：「黃帝得土德，黃龍地螾見。夏得木德，青龍止於郊，草木暢茂。殷得金德，銀自山溢。周得火德，有赤烏之符。今秦變周，水德之時。昔秦文公出獵，獲黑龍，此其水德之瑞。」於是秦更命河曰「德水」，以冬十月為年首，色上黑，度以六為名，音上大呂，事統上法。

——《史記・封禪書》節選

第2章

兩漢

為詮釋天命而生的五德終始說，
演變到後來，卻成了宣示王朝血統的最強背書！
來到兩漢，儒生更加入戰場，
結合儒家理論大玩迷信！

造座廟祭祀黑帝

水德秦朝被水德漢朝滅？皇帝說什麼德，馬屁精還敢不圓？

從來都說秦漢、秦漢，其實這麼連著說很不恰當，因為秦、漢不是緊連著的，中間有斷代。

秦二世三年（西元前二〇七年）年底，趙高逼死了二世胡亥，接著秦始皇的孫子子嬰又殺了趙高。但是這個時候，開頭說的那個劉季已經領兵突破武關，逼近秦都咸陽了。所以子嬰再不敢稱秦三世，而是退一步稱秦王，希望可以靠著歸還關東諸侯的土地來苟延殘喘——也就是說，這個時候秦朝已經沒了，可漢朝還遠沒有建立。

子嬰當秦王才四十六天，劉季就殺進咸陽，滅掉了秦國，但他也沒能儘快把漢朝建立起來。一個多月以後，項羽率領諸侯聯軍進入咸陽，宰了子嬰，然後把劉季趕去西邊的窮鄉僻壤，封他做漢王。漢王當了整整四年，劉季才終於稱帝，建立漢朝，史稱西漢。所以說，秦、漢之間有將近五年的空白期，歷史上將它叫作「楚漢之爭」，其實啊，也可以把它叫作「西楚朝」。

且說漢王二年（西元前二〇五年），這時候劉季大概已經改名劉邦了，他正在跟名義上的天下共主、西楚霸王項羽連番惡戰。

劉邦這時候還看不到勝利的曙光，不久前，他剛趁著項羽遠征齊地搞了場大突襲，打下了西楚的首都彭城，可是屁股還沒能坐熱，就被心急火燎趕回來的項羽殺了個屍橫遍野、血流成河，連老婆孩子都被敵人給逮了，自己是連滾帶爬地逃回了關中。可是這位仁兄沒心沒肺，也不弄塊涼蓆掛塊苦膽找機會報仇，反倒優哉遊哉地躺在秦朝舊宮裡，晃著腦袋問部下：「這個……秦朝當年供的都是些什麼神啊？」

部下告訴他，秦朝祭祀的是四方天帝，青、白、赤、黃。劉邦皺著眉頭想了一會兒，說：「我聽說一共應該有五帝呀，怎麼才四個？」大家都說沒聽說過，不清楚，劉邦說看來還有一個黑帝，得等著我這位真命天子來幫他建祠堂了。

上古時候部族很多，幾乎每個部族一個神，就算比不上日本神話裡的八百萬天神，上千總是有的，上萬也不一定。後來有些神跟隨著他的部族滅亡了，有些神跟隨著他的部族興盛起來了，更多的神則跟隨著他的部族融入了別的部族神話體系中。等到陰陽五行學說產生，把五方都配給了五行，就出現了五方天帝的說法，即東方為青帝，西方為白帝，北方為玄帝，南方為赤帝，中央為黃帝。再後來，乾脆把大批遠古神靈往這些空頭帝號裡套：青帝就是太昊氏或者伏羲氏，白帝就是少昊氏，玄帝就是顓頊氏，赤帝就是炎帝神農氏，黃帝就是軒轅氏。這套體系是什麼時候最終定稿的不好說，但可見楚漢相爭的時候，起碼空頭五方天帝的名號是已經定了的。

於是乎，劉邦就開始建廟祭祀黑帝，他這個在當時幾乎是毫無意義的勞民傷財舉動，誰料想日後卻產生了深刻的影響。

劉邦一度被項羽打得很慘，可是翻盤也快，因為項羽本身糟糕的用人和分封政策，加上想到哪打到哪的極度飄忽的戰略手法，最終把自己給搞垮了。西元前二〇三年，琢磨著全都打不下去了的楚、漢雙方終於坐下來談判，決定以鴻溝為界，在中國地圖上畫了條分割線，商定西經屬漢，東經屬楚。可誰想項羽才一掉頭，劉邦的援軍就到了，於是一個猛衝，在垓下把楚軍徹底打殘。項羽逃到烏江，精神已經崩潰，乾脆抹脖子不活了。

就這樣，昔日的鄉下小公務員劉季，就一步登天變成了漢高祖，西漢王朝終於建立。

這個從偏僻鄉下冒出來的新王朝，初建的時候很沒有規矩，因為劉邦嫌秦朝那一套禮儀太煩瑣，下令全都給廢了。結果在朝堂之上，群臣肆無忌憚地胡作非為，一邊喝酒一邊表功勞，鬧急了乾脆拔出劍來砍柱子，把坐在上面的皇帝給嚇個半死。好在這時候，有個叫叔孫通的儒生站了出來救駕，說這是上朝議政，不是酒館聚會啊，得定朝儀，讓大家都講規矩。劉邦跟著說好，你定套比較簡單的試試，大家都是鄉下人，太複雜了誰都搞不懂。

於是叔孫通就帶著他一大票弟子開始制定朝儀，定完了就費勁巴拉地教會群臣。然後再等上朝的時候，大家全都規規矩矩，該站哪就站哪，沒人大聲說話，沒人拔劍亂砍，就算皇帝賜酒，也都按照一定順序來先舉杯敬賀皇帝，然後再喝。劉邦這下高興啦，說：「直到今天，我才知道當皇帝原來這麼尊貴啊。」

規矩要不定就不定，定了一套規矩，劉邦滿意了，就難免會想再造另一套。馬屁精們因此逮到了機會，紛紛上奏，幫王朝搞出種種無意義的表面工程來，於是就有人想起了德性的事情，請示劉邦，您看我們得算是哪一德？

劉邦是半黑社會出身，比不上項羽、張良之類的貴族子弟，素質實在不怎麼高，聽了這話就想當然爾地拍板。他想當然什麼呢？他想起自己當年給黑帝造廟的事情啦，因而傻呵呵地說：「你看，當年黑帝就等著我給他立祠，說明天命在我這，水德尚黑，那漢朝就是水德吧，大家繼續穿黑衣服。」

「匡噹！」旁邊一百個人倒下九十九個。

劉邦開口說漢朝就水德吧，這一方面說明他沒文化，另一方面也正說明了斬白蛇起義的故事這時候也還沒有編造出來。否則的話，上天的預示早就給了呀，你劉邦是赤帝之子，赤色是五行中火的顏色，那麼你建立的漢朝當然應該是火德啦。即便是水剋火，水德的秦朝卻偏偏被火德的漢朝給滅了，有點說不通，可也終究比直接定水德來得靠譜吧。

為什麼呢？你想，秦朝就是水德啊，如今老劉家身為戰勝國，就算不找個能剋水的德性，也不能跟著秦朝走啊。何況秦朝辦的是水事，按照後來司馬遷總結的，那就是「剛毅戾深，事皆決於法，刻削毋仁恩和義」，換句話說就是毫無人情，徹底法制，而且法律規條還極其煩瑣、嚴厲。這時候老百姓最煩也最恨的就是這些玩意，要不然劉邦也不會一進咸陽就「約法三章」，把秦朝的厚厚一摞法律條規給大刀闊斧地砍得只剩三條。如今劉邦偏還要選水德，那不就等於宣告全天下，我們跟暴秦根本是一夥的嗎？這人可丟臉丟到全天下去了呀。

所以聽了劉邦的話，群臣是面面相覷，都不知道該說什麼才好。不過周圍的人雖然倒下九十九個，也還真有一個沒倒的，這個人就是新封北平侯的計相❶張蒼，他站出來，清清嗓子，開始長篇大論。

這位張蒼，以前曾經擔任過秦朝的御史，精通天文曆法，算是個高級知識分子，想必對這連秦始皇都深信不疑的五德之說應該是爛熟於胸。那麼他站出來是為了反駁劉邦嗎？怎麼可能，皇帝說話就是金口玉言，怎能算錯？況且這種事也無關經濟民生，順著皇帝的話接著往下說就好了嘛，說法有點歪，可以幫忙扳正啊，道理說不通，可以幫忙找理由啊。

於是張蒼裝模作樣地推算了一番，繼而嚴肅地幫劉邦解釋道：「暴秦那根本就不能算是一個朝代，只是周朝屬下的一個閏統❷。夏、商、周都有好幾百年，暴秦才十來年，怎麼能算朝代呢？我漢朝出身正統，直接繼承的是周代的正朔❸，周代是火德，水剋火，所以漢朝是水德，正合適——陛下英明，陛下偉大，陛下說得一點都沒有錯！」

劉邦這下可高興了，嘿，沒想到我隨口一說還真矇對了！你瞧，就連學問那麼高的張先生都認可。於是漢朝的德性就這麼定了下來，是水德，劉邦還特意在上邽建造了一座天水祠，唯恐別人不知道自己是水德王朝。

別看張蒼這藉口很牽強，卻為後世無數王朝開創了一個惡毒先例。以後經常就有人拿類似說法作為理由，把不順眼的前朝忽略掉，改為繼承一個比較光彩的朝代，充分顯示了「五德終始說」的柔韌性和可塑性。

事實上，司馬遷說水德是「剛毅戾深，事皆決於法，刻削毋仁恩和義」，那是倒果為因。不是因為秦朝認了水德，所以才嚴刑峻法，而是因為它嚴刑峻法，所以司馬遷才認為水德就是那個德行。當初鄒老教授對於五德究竟該定義為哪五種人世間的道德好詞就說得含含糊糊的，光顧著跟五行相對應了，他的後世弟子也都沒能搞清楚這個問題，或者壓根兒就不打算搞清楚。

所以按照五行的說法，水的性質是「柔靜處下」，你也可以說水德就代表了謙虛，或者代表了以柔克剛。換個角度去考慮問題，秦朝的施政方針激烈、蠻橫，按照五行的特質，硬說是火德或者金德也並無不可。漢朝也面臨著同樣的問題，金、木、水、火、土五德，想安上任何一個都能夠找出歪理來，劉邦想當然地一張嘴，你確實不能說他肯定就錯了。

再把話題拉回開篇那個司馬遷堂而皇之在《史記》裡記錄的劉邦斬白蛇的荒誕故事，倘若把這個故事裡的五行特質與五德相對應，則秦朝應該是尚白的金德，漢朝應該是尚紅的火德。那麼理由是怎麼來的呢？很簡單，因為西方屬金，而秦國位於西方，南方屬火，楚國則位於南方，所以才會拿「白帝子」來稱秦帝，用「赤帝子」來稱原為楚人的劉邦。這個荒誕故事對於劉邦敲定漢朝究竟屬於哪種德，可以說毫無影響，但是誰都料想不到，在《史記》完成多年後，這個故事竟然又被翻了出來——此乃後話，暫且不提。

由此可知，劉邦隨口敲定漢朝為任何一德，其實都不算什麼大問題，馬屁精們總能找到各種理由來證明「陛下聖明」，而對老百姓來說，他們都未必知道秦朝曾自認是水德，當然更不會把秦朝的暴政跟劉邦的水德認同畫等號了。但是歪理也有看似圓不圓的問題，公孫龍可以說「白馬非馬」，但他不能說白牛是馬，或者白馬是驢，張蒼硬生生把大一統的秦朝貶低為閏統，這種超強的柔韌性很難得到某些認死理的閒人們認同。於是等劉邦和呂后都死了，可以說西漢的開國期終結了以後，也就終於有人敢跳出來反對了。

這個人，就是大名鼎鼎的賈誼。

❶ 計相官位僅次於宰相，漢朝張蒼善算，因而列侯居相府，謂之計相。
❷ 僭位的帝統稱為「閏統」，相對於正統而生的一個詞彙。
❸ 正朔指古代改朝換代時新王朝頒布的新曆法，後亦泛指曆法。

典故

二年，東擊項籍而還入關，問：「故秦時上帝祠何帝也？」對曰：「四帝，有白、青、黃、赤帝之祠。」高祖曰：「吾聞天有五帝，而有四，何也？」莫知其說。於是高祖曰：「吾知之矣，乃待我而具五也。」乃立黑帝祠，命曰北畤。有司進祠，上不親往。悉召故秦祝官，復置太祝、太宰，如其故儀禮。因令縣為公社。下詔曰：「吾甚重祠而敬祭。今上帝之祭及山川諸神當祠者，各以其時禮祠之如故。」

——《史記・封禪書》節選

「撥亂反正」的成與敗

忠臣為矯正德性用盡心思，卻被奸臣學去奉承，遭受池魚之殃！

賈誼是西漢著名的文學家、政論家，他年方弱冠就被漢文帝相中，召為博士，然後不到一年時間就被破格提拔為掌管議論的太中大夫。年紀輕輕地登上高位，所謂「木秀於林，風必摧之」，他當即遭到朝臣們的一致嫉恨，讒言滿天飛，文帝被迫貶他為長沙王太傅❶，後來一度將他召回長安，可是又派他去擔任梁懷王太傅。賈誼又氣又恨，才三十二歲就一命嗚呼，為此深得後人的惋惜和緬懷——司馬遷在《史記》裡竟然把他跟屈原並列一傳，也表示他的冤屈之深，跟屈原有得比。

就是這個賈誼，他年輕氣盛，不畏權貴，更不怕張蒼這種假學術權威，因而在漢文帝二年（西元前一七八年）的時候，直接上疏文帝，說按照五行相剋，土剋水，所以我大漢應該是土德，才能剋掉水德的秦朝，強烈建議立刻全國改德，服裝變黃——這大概也是文帝把他一腳踢到當時還很偏遠、很蠻荒的長沙國的原因之一吧，你這說法也太不識時務了！

賈誼徹底失敗，可是到了漢文帝十四年（西元前一六六年），一個名叫公孫臣的魯國人再度發難。不過有賈誼的前車之鑑在，公孫臣不敢再硬來了，而是採取了全新的策略。他在給文帝的奏表中預言說，根據符讖，過些日子將會有一條黃龍出現在成紀，黃色在五行裡配的是土，所以漢朝應該奉行土德才對。文帝一瞧，心說這是張蒼的專業啊，於是就把奏表轉發給當時擔任丞相的張蒼，讓他審核一下。

張蒼老奸巨猾，看到奏表，眼珠子一轉，心想不妙——當初硬著頭皮附和劉邦，主張漢朝該是水德的是我，如今這個公孫臣卻主張土德，分明就是拆我老人家的台嘛。看起來光趕走一個賈誼，這股逆流翻案風還剎不住。不行，堅決不能承認這回事！於是張蒼上奏，說漢朝的水德是有上天預兆的，那就是「河決金堤」。也就是說黃河下游的支流金堤河在秦末的時候發過大水，這不正好說明了西方的秦該是金德，而我南方的漢該是水德，水旺盛而沖了金嗎？

他可沒有想到，公孫臣老謀深算，既然提到了黃龍的事，就不會是空口白話，而是早就有了巧妙的安排了。果然過了沒多久，就有公孫臣的同黨跟著上奏了，說小人確確實實千真萬確在成紀瞧見好大好恐怖的一條黃龍。這一回張蒼可是有苦說不出，人家一口咬定看見黃龍出現，然後又飛走了，你又證明不了人家是扯謊，壓根兒沒見過。於是輿論譁然，人人都說張蒼是搞學術腐敗，還打擊異己，搞得這位老丞相顏面掃地。

就這樣，公孫臣得意揚揚地進宮覲見，文帝當場給他封了個博士，下令編制土德的曆法書；而張蒼從此失寵，在丞相位子上死皮賴臉地又熬了幾年以後，被迫稱病回鄉了。

或許公孫臣本人真的相信自己的推算準確無誤，不過是為了對抗假學術權威才耍了個小花樣，但他開了一個很惡劣的頭——要知道，這種聲稱發現祥瑞的事成本相當之低，但是收益卻很高，於是後世紛紛效法。所以我們翻開史書，經常可以見到某年某月某日，誰誰誰在哪又瞧見一條龍，或者瞧見鳳凰、麒麟等等，特報祥瑞云云，種種學術造假的根大概就在公孫臣這裡——至於韓國教授黃禹錫❷之類，不過是公孫臣多少代徒子徒孫罷了。

那麼，漢朝就因此「撥亂反正」，正式從水德改成土德了？也沒有。因為正當文帝做好準備，打算聽從公孫臣的話下令改德，同時大家也都預備換服裝的時候，突然出了另外一檔事，把他搞得龍顏大怒，一拍桌子改主意了。

究竟是什麼事呢？原來有一個趙國人名叫新垣平，和公孫臣一樣，都屬於方士或者陰陽家一派，據說最擅長「望氣」——所謂望氣，就是說能夠通過天上雲彩的形狀、走向，甚至能夠通過別人瞧不見的虛空中氣息的流布，揣測上天的意旨。這位新垣平原本不得志，只能在鄉下騙騙村夫愚婦混口飯吃，可是一瞧見公孫臣靠著指使別人說見到黃龍就平步青雲，不禁動起了歪腦筋：這條路可以走，有前途。

於是，新垣平也趕緊給文帝上奏，說我瞧見長安東北方有五彩的神氣，應該建所廟宇來祭祀，裡面青白赤黃黑五帝全有，漢朝正應土德。為了證明自己確實有本事，不是上嘴唇磨下嘴唇隨口一說，他還偽造了一個玉杯，上面刻了「人主延壽」四個篆字，詭稱是一個仙人送給文帝的，同時獻了上去。按照前文的分類，說見著五彩神氣就是報祥瑞，獻上玉杯則是造祥物。

文帝一接到玉杯，那真是愛不釋手，他本來心眼就實在，加上耳根子軟，當場就信了，立刻下詔建五帝廟，還封新垣平做上大夫，賞賜了不少好東西。新垣平就此得意起來，但這傢伙不知道見好就收，為了穩固文帝對自己的寵信，成天信口開河胡說八道。俗話說「常在水邊走，哪能不濕鞋」，這位老兄越吹越邪門，破綻也越來越多，這就給了正滿心鬱悶、打算趁早辭職的張蒼老丞相反擊的機會。張蒼經過暗中調查，找到了幫新垣平在玉杯上刻字的工匠，於是立刻上疏揭發。

新垣平一案，很快就落到了廷尉張釋之的手裡。這位張釋之在漢初也是大名鼎鼎的人物，論後世的名氣還在張蒼之上，他最善於審斷案件，按律執法，按法判刑，新垣平落到他手裡，沒費多大周折就全都招了。張釋之大筆一揮：這是欺君罔上、大逆不道之罪，按照漢律該夷三族沒得商量。所謂夷三族，就相當於俗話說的滿門抄斬，不光犯人自己掉腦袋，就連爹娘、妻兒也都得被處死。

就這樣，新垣平全家都完蛋了，而漢文帝呢？他想到自己從前對新垣平的寵信，不禁覺得純潔的小心靈受到了無情的傷害，從此對方士、陰陽家那是恨入骨髓，對種種祥瑞預兆也都心灰意冷了。最可憐的，公孫臣也連帶著遭了池魚之殃，立刻失了寵，因而改水德為土德之事，也就此不了了之。

❶太傅為中國古代職官，始於西周，為王的輔佐大臣、皇帝的老師，掌管禮法的制定和頒布。

❷黃禹錫，生於一九五二年，韓國生物學家，曾被揭發偽造多項研究成果。

典故

魯人公孫臣上書曰：「始秦得水德，今漢受之，推終始傳，則漢當土德，土德之應黃龍見。宜改正朔，易服色，色上黃。」是時丞相張蒼好律歷，以為漢乃水德之始，故河決金堤，其符也。年始冬十月，色外黑內赤，與德相應。如公孫臣言，非也。罷之。後三歲，黃龍見成紀。文帝乃召公孫臣，拜為博士，與諸生草改歷服色事。其夏，下詔曰：「異物之神見於成紀，無害於民，歲以有年。朕祈郊上帝諸神，禮官議，無諱以勞朕。」有司皆曰：「古者天子夏親郊，祀上帝於郊，故曰郊。」於是夏四月，文帝始郊見雍五畤祠，衣皆上赤。

——《史記・封禪書》節選

儒生開始瞎摻和

「漢應水德」的大笑話，終於在漢武帝的新理論下收場！

漢文帝以後是漢景帝，漢景帝以後是漢武帝，直到武帝初年，大家還是習慣性地認為漢朝屬於水德。武帝甚至還進一步發揮，乾脆把劉邦設立天水祠的上邽歸為天水郡。

一直等到日曆翻到了漢武帝元封七年，即太初元年（西元前一〇四年），真正「撥亂反正」的人物才終於出現。當時正擔任太史令的司馬遷和太中大夫公孫卿、壺遂三個人一起上疏給漢武帝，說現在的曆法亂七八糟，尤其我漢朝得到天下之後還沒有改過「正朔」，所以得將其重新整頓和編制一下。

對古代王朝來說，曆法可是大事，曆法直接關係到老百姓的農事，也直接影響到朝廷對於農業問題的施政方針，而在那時候，農業問題是全社會最根本的問題。那麼「正朔」又是什麼呢？一年之首就叫「正」，一月之首就叫「朔」，所謂正朔，就是說曆法以哪一月、哪一天作為一年的開端。傳說夏朝的時候，是以冬至以後第二個月為正月，算一年的開端；商朝把日期改了，以夏朝曆法的十二月為正月；周朝以夏朝曆法的十一月為正月；秦朝以夏朝曆法的十月為正月——之所以這麼改來改去，大概是為了表示跟前朝不同，有新氣象、新曆法吧。

所以按照規矩，漢朝替代了秦朝，也得改個「正朔」，當年劉邦那大老粗想不到這點，也沒人提醒他，所以沒改，大家還是沿用秦朝的曆法。可那時候天文學和數學都很原始，編成的曆法算定的一年，跟真實的地球繞太陽一圈，也就是「回歸年」，多少有點差距。一開始差幾分幾秒不算什麼，但這種曆法用的時間長了，就能差到好幾天甚至一兩個月，直接影響到春耕秋收。所以歷代王朝經常會編定新的曆法，一方面調整誤差，一方面也越算越精細。

對於曆法這種大事，漢武帝可不敢輕慢，當即准奏，並且叫來了御史大夫兒寬，說就由你帶頭，帶著那三位好好商量商量、計算計算吧，看看新曆該怎麼編，正朔該怎麼定。

於是兒寬和司馬遷幾個人碰面一討論，覺得還是別再學商、周、秦三朝，一個月一個月往前推正朔了，多麻煩啊，乾脆恢復夏朝正朔。於是他們編定了新的曆法，定名為《太初曆》，武帝全盤接受，並且根據新曆法的名字，把這一年的年號改為太初元年。從此以後，兩千多年過去了，歷代王朝都說定正朔、定正朔，實際上絕大多數情況下，並沒有真的改變過一年的開端，所以我們現在所用的農曆，都還有著「夏曆」的別名。

《太初曆》的編定，跟本書的主題關係極深，因為兒寬、司馬遷等人編曆的時候還夾帶了一筆「私心」進去，那就是徹底「撥亂反正」，把假學術權威張蒼一棍子打倒再踏上一萬隻腳，叫他永世不得翻身——他們上奏漢武帝，重提當年賈誼和公孫臣的建議，要求拋棄水德，改奉土德。武帝跟他太爺爺劉邦不同，是個有文化的君主，也覺得當初張蒼那套鬼話實在編不圓，就此准奏。

但是還有一件麻煩事。當時的儒家大宗師董仲舒曾經在他著名的《春秋繁露》一書中提出過一個全新的「三統說」，在《三代改制質文》一章中，他說：「故湯受命而王，應天變夏作殷號，時正白統……文王受命而王，應天變殷作周號，時正赤統……故《春秋》應天作新王之事，時正黑統……」翻譯成白話就是：「商朝是白色的國統，周朝是紅色的國統，按照《春秋》的說法，如今該有新王朝，是黑色的國統。」

更詳細一點來解釋這個「三統說」吧。按照這種理論，一年被分為十二個月，對照著天地間的十二種顏色，而其中有三個月最為關鍵，與之相應的三種顏色便被稱為「三統」。哪三個月最關鍵呢？就是十一月、十二月和十三月。

說到這，大家要問了，無論農曆還是西曆，一年都只有十二個月呀，那第十三個月是從哪蹦出來的？

原來所謂十三月，是指去除正月（因為夏、商、周、秦，各朝所規定的正月都不相同），而從二月起算，所以十三月其實就代表了一月。這三個月正當冬季，正是萬物蟄伏、即將復蘇的時候，象徵著新的正統王朝即將誕生，所以各代的曆法，就都從這三個月裡挑一個當成一年的開端，定為正月。

拉回來說，十一月的顏色是赤色，所以周朝以十一月為正月，就代表了天統，尚赤；十二月的顏色是白色，所以商朝以十二月為正月，就代表了地統，尚白；董老宗師沒提夏朝，但他說了十三月的顏色是黑色，黑色是正統輪替的開端，也就等於承認以一月為正月的夏朝為人統，尚黑。

最後，他就說了，根據研究《春秋》所得，新王朝應該正黑統，以一月為正月，尚黑。

就正朔問題而言，他的話跟司馬遷等人的一致，但就德性問題而言，這個三統說天然地跟五德說存在矛盾——黑是水的顏色，「黑統」云云，那就是說漢朝還該是水德呀。估計董老宗師寫那本書的時候，壓根兒不清楚賈誼或者公孫臣要求改德性的建議，或者雖然清楚卻不贊成，所以他是按著當時官方說法來套用標準答案。從我們現代人的角度來考慮問題，這也無非是兩部奇幻小說的設定不同罷了，但在那時候可是了不得的、有關根本路線方針的大事。

要知道，漢初尊奉的是「黃老學說」。到了漢武帝這，他覺得「黃老」不給力，不能給他好大喜功的開疆拓土提供理論依據，於是就把本來在朝堂上沒多少影響力的儒家又給翻了出來。

武帝先是把儒家的平民政治家公孫弘提拔為丞相，接著又搬出了正在河北鄉下寫書的儒家大宗師董仲舒，把他請去都城長安。董仲舒一番高論，不僅清楚地闡述了從孔子、孟子一脈相承下來的儒學正統，還夾雜了大量自己的研究成果，提出「大一統」、「天人感應」，當場武帝就聽傻了。說白一點，孔子之儒是空想，孟子之儒講王道，董仲舒之儒則徹底把儒家綁在了統一王朝的戰車上，為天子統治全天下編造理論依據。對於這種實用理論，武帝哪有不喜歡的道理呢？

於是漢武帝當即下詔：「罷黜百家，獨尊儒術。」

所以對於董老宗師的奇幻設定，漢武帝是不可能視而不見的，他怎麼也得給老先生留點面子，不能直截了當地說陰陽家的五德說是對的，儒家的三統說就錯了。那該怎麼辦才好呢？沒關係，武帝雄才大略，他既能接受人為編造的理論，也能自己編造理論，乾脆玩一把中庸，把三統說中的正朔和五德說中的服色給糅合起來，編成一門邊緣學科，從此定為官方理論。他在泰山封禪的時候順水推舟，順便詔告天下，這才總算使得長時間的爭議告一段落。

說句題外話，馮友蘭先生在《中國哲學簡史》裡也提到過這個三統說，還半開玩笑地說：「法西斯主義正黑統，資本主義正白統，共產主義正赤統。」

總之，從漢初就延續下來「漢應水德」的大笑話終於在九十二年後收場，在漢武帝的威光普照下，確定了漢朝應土德，漢人終於可以脫下警察裝，換上黃馬甲了。而儒家的「三統說」終於和陰陽家的「五德終始說」合二為一，標誌著方士、陰陽家們一步步退出歷史舞臺，從此推演五德的重任就交給了也逐漸變得走火入魔的儒生們。

典故

王者改制作科奈何?曰:當十二色,歷各法而正色,逆數三而復,絀三之前,曰五帝,帝迭首一色,順數五而相復,禮樂各以其法象其宜,順數四而相復,咸作國號,遷宮邑,易官名,制禮作樂。

故湯受命而王,應天變夏作殷號,時正白統,親夏、故虞,絀唐,謂之帝堯,以神農為赤帝。作宮邑於下洛之陽,名相官曰尹,作濩樂、制質禮以奉天。文王受命而王,應天變殷作周號,時正赤統,親殷、故夏,絀虞,謂之帝舜,以軒轅為黃帝,推神農以為九皇,作宮邑於豐,名相官曰宰,作武樂、制文禮以奉天。武王受命,作宮邑於鄗,制爵五等,作象樂,繼文以奉天。周公輔成王受命,作宮邑於洛陽,成文武之制,作汋樂以奉天。殷湯之後稱邑,示天之變反命,故天子命無常,唯命是德慶。故《春秋》應天作新王之事,時正黑統,王魯,尚黑,絀夏、親周、故宋,樂宜親招武,故以虞錄親,樂制宜商,合伯子男為一等。

然則其略說奈何?曰:三正以黑統初,正日月朔於營室,斗建寅,天統氣始通化物,物見萌達,其色黑,故朝正服黑,首服藻黑,正路輿質黑,馬黑，大節綬幘尚黑，旗黑，大寶玉黑，郊牲黑，犧牲角卵，冠於阼，昏禮逆於庭，喪禮殯於東階之上。祭牲黑牡，薦尚肝。樂器黑質。法不刑有懷任新產者，是月不殺，聽朔廢刑發德，具存二王之後也，親赤統，故日分平明，平明朝正。

正白統奈何？曰：正白統者，歷正日月朔於虛，斗建丑。天統氣始蛻化物，物初芽，其色白，故朝正服白，首服藻白，正路輿質白，馬白，大節綬幘尚白，旗白，大寶玉白，郊牲白，犧牲角繭，冠於堂，昏禮逆於堂，喪事殯於楹柱之間，祭牲白牡，薦尚肺，樂器白質，法不刑有身懷任，是月不殺，聽朔廢刑發德，具存二王之後也，親黑統，故日分鳴晨，鳴晨朝正。

正赤統奈何？曰：正赤統者，歷正日月朔於牽牛，斗建子。天統氣始施化物，物始動，其色赤，故朝正服赤，首服藻赤，正路輿質赤，馬赤，大節綬幘尚赤，旗赤，大寶玉赤，郊牲騂，犧牲角栗，冠於房，昏禮逆於戶，喪禮殯於西階之上，祭牲騂牡，薦尚心，樂器赤質，法不刑有身，重懷藏以養微，是月不殺，聽朔廢刑發德，具存二王之後也。親白統，故日分夜半，夜半朝正。

——《春秋繁露・三代改制質文》節選

皇族神棍登場

沒想到「獨尊儒術」竟促成漢儒走向歪道，將迷信融入理論！

土行的顏色是黃色，所以土德王朝的官員得穿黃袍，但這種黃既不是杏黃也不是明黃，按照漢朝的印染工藝，估計還做不出那麼鮮亮的衣服來，漢官的服色是赭黃，說白了就是土黃色。

說句題外話，後來官員的袍服主色越來越多，越來越雜，甚至根據官品高低還必須使用不同顏色，赭黃就變成皇帝的服色了（但不跟「朕」這個字眼一樣是獨享的），再後來皇帝改穿赭紅袍，到了清朝才改成了獨享的明黃。

漢朝終於確定了自己的德性是土德，大家改穿黃袍，那麼問題圓滿解決了嗎？很讓人頭大，問題還沒有解決，偏偏就在西漢差不多該結束了的時候，突然平地裡又掀起一陣波瀾來。而這股波瀾不僅在當時產生了巨大的震動，而且對後世千年都帶來深遠的影響，「始作俑者」就是劉向、劉歆父子倆。

這父子倆大概是西漢皇族裡除幾個皇帝以外最有名的傢伙了吧。劉向本名劉更生，字子政，是楚元王劉交（劉邦的同父異母兄弟）的四世孫。

我們知道，漢景帝的時候爆發過「吳楚七國之亂」，當時的楚王是劉戊，因為參與造反，戰敗後走投無路自殺了，但是景帝顧念著這一國出身良好，沒忍心廢藩，就讓劉戊的弟弟劉禮繼承了王位。劉禮往後又傳了四代，到了漢宣帝的時候，這一代楚王劉延壽又打算謀反，結果比不上他叔祖爺爺，還沒等動手就陰謀敗露被迫自殺，楚國終於沒逃了，還是被滅掉了。

楚國是滅掉了，劉交一系的王子、王孫可還沒有死絕，終於出了個才華出眾而又忠心耿耿的劉向。漢元帝的時代，劉向出任宗正，也就是皇族事務大臣，漢成帝的時代，又任光祿大夫，也算是副國級別的高官了。後世給劉向戴上的帽子不少，包括經學家、目錄學家和文學家，他編寫過《別錄》、《列女傳》、《說苑》等好幾部書，可以算是著作等身的大文豪了。劉歆是劉向的兒子，本身也是強人一個，不光文科成績好，理科也不含糊，曾經研究過圓周率，還打算重新修訂又開始走樣的曆法。

這時候，西漢朝已經徹底由儒家一統天下了，漢宣帝還曾經說過：「我家本來的制度，就是霸道和王道混著用，怎麼能單單鼓吹道德呢？那些儒生喜歡借古諷今，怎麼能夠重用呢？」可是到他兒子漢元帝的時代，就把老子的話徹底當耳邊風，崇儒崇到了令人匪夷所思的地步。

劉向、劉歆父子本身就是大儒，再趕上這一時代風潮，於是劉歆在修訂曆法的時候，就徹底採用了董仲舒的「三統說」，編成了一部《三統曆》，並且獲得官方認可，在漢成帝綏和二年（西元前七年）正式開始實施。

劉歆既然這麼崇拜董仲舒，本人在當時也算是一代儒家宗師，自然對本來由陰陽家們推算或者說編造出來的「五德終始說」不大滿意——竟然和「三統說」有矛盾，是可忍，孰不可忍——於是他就挖空心思去揪五德學說的漏洞，在老爹劉向曾經基於同樣理由搞過的一些研究的基礎上，很快，劉歆就打了一個大勝仗，從而徹底埋葬了陰陽家們對官方德性學說僅存的一點點影響力。

漢儒跟孔子之儒、孟子之儒是不同的。孔子曾經說過「敬鬼神而遠之」。孟子也差不多，他嘴裡的天、王道之類詞語都是虛的，從來不去追根究柢。可是到了以董仲舒為代表的漢儒這代，儒家卻吸收了大量方士和陰陽家的論調，開始講「天人感應」，也開始大範圍研究並大規模製造迷信了。劉向、劉歆父子作為董老宗師的徒子徒孫，當然也不能免俗，這父子倆都極喜歡「讖緯之學」。

「讖」之前解釋過了，在當時主要是由方士們編造出來的，用語含糊，可以正著理解也可以反著理解，是一種反正怎麼說都能勉強說得通的預言；所謂「緯」，就是漢儒附會傳統儒家經書所新編的一系列教材，跟「經」書相對，所以叫「緯」。「讖緯之學」，說白了就是拿迷信往儒家理論上去套。

有人根據《漢書・五行志》的記載做統計，算出劉向父子所推測的各種天災人禍、靈異事件以及祥瑞預示，總共有一百八十二件，發表相關理論二百二十六則，是漢代儒生裡面玩得最歡的，別人就算坐飛機也趕超不了。放到現代，這倆人就是積年的老神棍，要再多拉幾個門徒就能發展成邪教。那麼這樣的父子倆，怎麼可能不痴迷五行、五德之類的言論呢？就算類似言論跟董老宗師的訓示有矛盾，他們也會儘量去加以修訂，而不會一棍子把五行、五德徹底打翻在地的。

所以劉歆不是直接判定鄒衍和他的徒子徒孫們全都錯了、「五德終始說」全面破產，而是拚了命地在舊書堆裡狂翻，外加拚了命地列算式推演，非得挖出根來。「五德終始說」哪一點有問題，只要修訂了那一點，就能讓五德、三統兩種學說完美地融合為一體，而不是像當年漢武帝的純行政命令那樣，硬生生把兩種學說給扯在一塊。

其實算起來，突破口大概劉向早就已經找到了，但最終完善這一套全新的融合理論的，還得算是劉歆。原來，他們父子倆在苦研《易經》的時候，猛然間發現了一句「帝出乎震」，越琢磨越不對勁。你想啊，陰陽家們都說第一代人主是黃帝，論德性也是從黃帝開始論，可是根據五行學說，黃帝的位置是在中央，屬土，而八卦裡的震位則指的是東方，屬木，這不矛盾嗎？於是劉向父子趕緊又去翻董仲舒的著作，在字裡行間，終於發現了問題的癥結所在——原來是陰陽家們搞錯了，董老宗師可始終都沒錯，只是沒說清楚而已。

他們推算出來，原來「帝出乎震」的「帝」並不是指黃帝，而是伏羲，因為伏羲一向是位於東方的，所以「炮犧（伏羲）氏始受木德」。

劉歆經過長時間的鑽研以後，給出的最終結論是，「五德終始說」理論上是對的，但在具體研究上卻走歪了——你看吧，果然相關天道之事，還得我們儒生來講，陰陽家們學藝不精，摸著了門卻走錯了道。

首先，德性該從伏羲開始算，而不是從黃帝開始算，伏羲的時代應該在黃帝之前。其次，鄒衍說德性是「五行相勝」，也就是說五德的排序向來是後一個德剋了前一個德，這從根本上就存在著問題，應該按照董仲舒老宗師說的，「五行相生」，也就是說五德的排序從來是前一個德生出了後一個德來。因為漢宣帝還說「霸道和王道混著用」，從漢元帝開始就光說王道了，王道王道，哪能那麼血淋淋地一個剋一個呢？我們得溫柔敦厚一點，得和諧一點，舊王朝滅亡不是被新王朝給剋掉的，而是歷史使命終結，自己咽了氣的，正統新王朝的誕生，那都是順應德性而生，根本就不該有暴力。

當然啦，事實就是事實，理論終究是理論，理論總有跟事實不大相符的地方，有些人是順著事實修改理論，有些人則順著理論修改事實——劉向父子就屬於後一類。

他們推算來推算去，還是發現有漏洞，最後只好把張蒼的舊說法又給提了出來：秦代不以德治國，而是以嚴刑峻法治國，所以沒有資格算「德」國，只能叫「閏統」。閏就是額外多出來的，比如閏年、閏月，所以秦朝是額外多出來的，計算五德輪替，不能算到它頭上。

再者，按照「三統說」，正統王朝就該定十一月、十二月或者一月為正月，秦朝卻偏偏定十月為正月，不正說明它不正統嗎？

於是基於這些認識，劉歆在《三統曆・世經》中，把鄒衍和董仲舒的理論框架都擺上去，然後合而為一，重新設計出一個更為恢宏的德性世系表。在這個表裡，伏羲是當仁不讓的第一位，他上承還沒有建國的鑽木取火的燧人氏，應該算是木德；炎帝承接伏羲，木生火，於是炎帝就是火德（他還順便敲定了炎帝就是神農氏）；接下來火生土，黃帝就是土德；少昊以金德承土。按照這種規律往下一路推演過去，顓頊帝以水德承金，帝嚳木德承水，唐堯火德、虞舜土德、夏禹金德、成湯水德，到了周武王的時候，水生木，於是周代就是木德。秦代忽略不計，那麼漢朝直接繼承的是周代，木生火，漢朝理所應當該是火德嘛（準確地說，秦並沒有被忽略不計，但級別比其他朝代低了一等）。

你瞧瞧，這麼一來，當年高祖皇帝斬白蛇起義的事就徹底歸位了，這才是上天最準確的預兆啊。漢朝是火德，所以劉邦是「赤帝子」，嚴絲合縫，理論和「事實」絕對一一對應，分毫不差。劉歆的「新五德學說」，就此熱騰騰出籠。

當然，劉歆這一套花樣也並不是毫無漏洞的，比如董老宗師曾說商朝「正白統」，那就該是金德，周朝「正赤統」，那就該是火德，新王朝即漢朝「正黑統」，那就該是水德，怎麼到劉歆卻變成了商朝水德、周朝木德、漢朝火德了呢？原來他乾脆把三統的顏色和五德的顏色拆分了。後來有本叫《春秋感精符》的緯書裡就解釋得很清楚——

周朝以木德稱王，火是木之子，所以用火的赤色；商朝以水德稱王，金是水之母，所以用金的白色；夏朝以金德稱王，水是金之子，所以用水的黑色……

好嘛，三統和五德這一混搭，問題搞得更複雜也更混亂了。

對今天的我們來說，劉向、劉歆父子這一套新理論不能說是對還是錯，還有鄒衍的原始「五德終始說」，就好比一個是美式足球，一個是英式足球，反正都不是天地自然生成的規律，而是人為造出來的理論。不過在當時，這卻是關係到一個朝代體面的大事。

想當年漢朝從水德改成土德，就費勁地花了一百來年，這還幸虧撞上一個正打算「罷黜百家，獨尊儒術」、在思想領域建立全新秩序的漢武帝，才最終拍板。如今又過了將近一百年，大家穿黃馬甲也穿習慣了，沒理由再輕易相信什麼「漢應火德」的說法，那不是給自己找麻煩嗎？現在就算一條街道改名，都得造新牌子換新地圖，且一番折騰，耗費極大成本，更何況是全國都改換個德呢？所以劉歆是拚命鼓吹，但是朝廷堅決不點頭，下面也沒多少人跟著起鬨，這件大事就這麼乾脆地被晾在了一邊。

倘若劉歆是個沒野心沒欲望的老好人，大概他的新理論也就跟當年賈誼給漢文帝要求改德的上奏一樣，就此被掃進朝廷的垃圾堆吧，至於以後還會不會有公孫臣、司馬遷之類繼續高舉革命大旗的人再給翻出來，那可實在說不準了。

然而劉歆堅決不肯放棄——這套理論要是被官方認可，老爺我就比「談天衍」還能談天，是承繼董老宗師衣缽的當代第一大儒啦，這麼響亮的名頭怎可不拚了老命去爭取？

此處不留爺，自有留爺處，朝堂上全是一票渾蛋，不識金鑲玉，我還得把這學問賣給真正有眼光的人物。於是劉歆到處遊說、打點，更不用說，還真被他找到了一個知音，並且這知音沒多久就一步登天掌握了朝廷的實權。

典故

太昊帝《易》曰：「炮犧氏之王天下也。」言炮犧繼天而王，為百王先，首德始於木，故為帝太昊。作罔罟以田漁，取犧牲，故天下號曰炮犧氏。《祭典》曰：「共工氏伯九域。」言雖有水德，在火木之間，非其序也。任知刑以強，故伯而不王。秦以水德，在周、漢木火之間。周人遷其行序，故《易》不載。

炎帝《易》曰：「炮犧氏沒，神農氏作。」言共工伯而不王，雖有水德，非其序也。以火承木，故為炎帝。教民耕農，故天下號曰神農氏。

黃帝《易》曰：「神農氏沒，黃帝氏作。」火生土，故為土德。與炎帝之後戰於阪泉，遂王天下。始垂衣裳，有軒冕之服，故天下號曰軒轅氏。

少昊帝《考德》曰少昊曰清。清者，黃帝之子清陽也，是其子孫名摯立。土生金，故為金德，天下號曰金天氏。周遷其樂，故《易》不載，序於行。

顓頊帝《春秋外傳》曰：「少昊之衰，九黎亂德，顓頊受之，乃命重黎。」蒼林昌意之子也。金生水，故為水德。天下號曰高陽氏。周遷其樂，故《易》不載，序於行。

帝嚳《春秋外傳》曰：「顓頊之所建，帝嚳受之。」清陽玄囂之孫也。水生木，故為木德。天下號曰高辛氏。帝摯繼之，不知世數。周遷其樂，故《易》不載。周人禘之。

唐帝《帝系》曰：「帝嚳四妃，陳豐生帝堯，封於唐。」蓋高辛氏衰，天下歸之。木生火，故為火德，天下號曰陶唐氏。讓天下於虞，使子朱處於丹淵為諸侯。即位七十載。

虞帝《帝系》曰：「顓頊生窮蟬，五世而生瞽叟，瞽叟生帝舜，處虞之嬀汭，堯嬗以天下。」火生土，故為土德。天下號曰有虞氏。讓天下於禹，使子商均為諸侯。即位五十載。

伯禹《帝系》曰：「顓頊五世而生鯀，鯀生禹，虞舜嬗以天下。」土生金，故為金德。天下號曰夏后氏。繼世十七王，四百三十二歲。

成湯《書經．湯誓》：湯伐夏桀。金生水，故為水德。天下號曰商，後曰殷……

武王《書經．牧誓》：武王伐商紂。水生木，故為木德。天下號曰周室……

——《三統曆．世經》節選

當大儒撞見大儒

儒學結合民間迷信，竟開出惡之花！大儒還能翻身作皇帝！

要說西漢末年的大儒，其實劉歆原本排不上第一位，在他上面，還有一個名氣更響、德行更高，簡直堪為萬世儒生表率的人物，那就是太皇太后王政君的侄子，從大名鼎鼎的外戚王氏家族出來的王莽王巨君。

所謂「周公恐懼流言日，王莽謙恭下士時」，還沒當上皇帝的王莽那可真是道德楷模，他好學，勤奮，節儉，謙虛，幾乎集人類優良品德之大成。全天下的儒生，甚至包括大批中小地主，全都盼望著這位王大師能夠掌權，琢磨著只要王莽一掌權，立刻就能風調雨順，天下太平，皇帝也不昏庸了，朝廷也不混亂了，宦官也不弄權了，外戚也不胡鬧了，地方官也不魚肉百姓了，夏天熱不死狗，冬天凍不死人。總歸一句話，地上天堂就此建成。

王莽不僅和劉歆一樣都是大儒，當年一起當過黃門侍郎[1]，是同僚兼老友，而且他還有一個特點誰都比不上，那就是極度地崇古，認為古代（主要指西周以前）一切都好，現在一切都糟，要想搞好現在的朝局，一是得尊儒，二是得崇德，三是得復古。

後來，他篡了漢朝的權，建立新朝，立刻開始實施自己的理想，官名要改古的，度量衡要改古的，法制要改古的，連錢幣都要改古的，恨不得穿越時空把整個新朝帶回古代去算了。劉氏父子的新五德理論一直上追到伏羲，足夠古董，王莽見了自然喜歡。

於是乎，一個積年老神棍和一個積年老幻想家一拍即合。

王莽算是趕上了好時代，本來他老王家做了多少年的外戚，好幾代大家長都擅權胡為，臭名已經傳幾條大街了，他王莽的名聲還得靠跟叔叔伯伯們劃清界限來獲得。可是接班王家上臺的幾夥外戚，包括丁家、傅家，還有一個靠自己和妹妹、老婆一起滾皇帝床單才得以上位的美男子董賢，那是一蟹不如一蟹[2]，一個比一個糟地遭到全社會的唾棄。於是元壽二年（西元前一年）六月，漢哀帝駕崩，太皇太后王政君立刻搶走了玉璽，全面撥亂反正，早就被掛個空頭銜趕出中央的王莽也就此捲土重來。

朝野上下是一片歡騰啊，而王莽也秉持著當年孔夫子誅殺少正卯的精神，再「溫柔敦厚」都敦厚不到政敵頭上，把丁、傅、董等人往死裡打。他越是打，自己的聲望就越高，聲望越高，權力也就越穩固，於是次年就當上了安漢公，又四年當上了攝皇帝，也就是代理皇帝，又三年，正式篡位成功。

西漢終結，新朝就此建立。

我們前面說了，漢儒不是一個原教旨主義的儒家流派，他們說的很多話，信的很多事，老祖宗孔、孟是壓根兒不提、根本不理的，那就是「讖緯」。儒家學說跟民間迷信結合在一起，根子是在老宗師董仲舒身上，說什麼「天人合一」，漢元帝、漢成帝以後搞得越來越玄虛，終於到劉向、劉歆父子倆這裡，開出了那朵絢麗的惡之花。王莽跟劉歆是同時代的人物，同為大儒，又是好友，他雖然沒留下什麼鴻篇巨制，或者語錄，但我們可以相信，他的看法和思想，跟劉歆也差不太多。

也就是說，王莽這人不但崇古，拚了命地想復古，而且也跟劉歆似的，迷信到了極點——我們終究不能像孫猴子一樣鑽到別人肚子裡去，不如公允點來說，王莽跟劉歆一樣，都表現得迷信到了極點。總之，在王莽執政的時期，各種祥瑞、祥物是像雨後春筍一般層出不窮啊，西漢朝兩百年官方承認的祥瑞，或許還沒他稱帝前幾年來得多。所謂「上有所好，下必甚焉」，要是王莽根本不信這些花樣，出第一個祥瑞就一棍子打死，肯定也就不會有第二、第三個了，全因為他的慫恿甚至是熱愛，各路閒人鬧出的花樣才會那麼百花盛開。

比方說什麼禾苗長了三丈長啊，一根麥上生三穗啊，不播種就自然生穀子啊，沒有蠶卻自然生出繭來啊，天降甘露啊，地生清泉啊，鳳凰呼啦啦都飛了來，巴郡出現石牛啊，等等。千奇百怪，無所不有。

那麼按照新舊五德學說，這些天降祥瑞不是保佑舊王朝太平無事，就是說明新王朝將要誕生。王莽作為執政者，認可這種種祥瑞，而不是怒斥其為妖言，明擺著不是為了大漢朝千秋萬代，而是想要建成個新王朝。可是新王朝該怎麼建成呢？王莽是位講「仁義」的大儒，他才不搞什麼暴力革命，他要搞和平演變，這也正好跟劉歆上承董仲舒的「五德相生」說法相吻合。劉歆的新理論對他這麼有用，哪有不拚命利用的道理？

於是乎，元始五年（西元五年）冬季，前輝光❸謝囂上奏說：「我屬下的武功縣縣長孟通在疏一口井的時候，偶然間挖出塊白石頭來，上圓下方，就好像是祭天的玉圭一樣，石頭上還刻著一行紅字，寫著『宣告安漢公王莽做皇帝』。」王莽要是沒有野心，不想篡位，就應當立刻把這奏書給撕了，或者直接扔到謝囂臉上，可是他沒這麼幹，反而暗示大臣們把這件事稟報給太皇太后王政君。老太太當場就火了，說這是妖言惑眾，不可相信，更不能執行。

王莽這第一次試探，就這樣碰了一鼻子灰。他也考慮到時機還不成熟，於是就讓太保❹王舜糊弄那老太太說：「王莽哪會有別的心思啊，他只是想做個攝政，加重自己的權柄而已。」老太太一時迷糊，竟然信了，於是下詔說：「我仔細琢磨這『做皇帝』幾個字，應該是指代行皇帝職權的意思。好吧，那就讓安漢公仿效當年周公輔佐成王，名正言順做個攝政吧。」

這要擱別的朝代，王莽就該稱攝政王了，可是周公攝政年代久遠，他當初是個什麼名號誰都不清楚，再往後就沒有類似例子了。所以王莽就老實不客氣地自稱「攝皇帝」，還順便把年號都給改了，改成「居攝」——估計也就是因為有這個臭例子擺在前面，所以此後只出攝政王，再沒有誰敢繼承這種奇奇怪怪的「攝皇帝」的名頭。

攝皇帝當了整整三年，王莽再也忍不下去了，於是乎新一輪獻祥瑞、祥物、符讖的熱潮就此產生。首先是老劉家的大叛徒、廣饒侯劉京上疏，說當年七月，齊郡臨淄縣亭長辛當，做過好幾次相同的夢，都夢見有上天的使者來跟他說：「攝皇帝要當真皇帝，要是你不相信我啊，那就看吧，在這個亭中，將會出現一口新井。」辛當早上起來一找，嘿，果然地上莫名其妙地冒出了口新井，而且足有百尺之深。

這事真是詭異到突破天際了，你想啊，就算真有使者托夢，幹嘛不找朝廷重臣，卻偏偏找一個小小的亭長呢？這亭長又不是當年的劉季……

接著，十一月，巴郡挖出個石牛來，扶風郡出了塊怪石頭，全都搬到長安，擺在未央宮門前。王莽就跟太保王舜等朝廷重臣一起去瞧瞧，正瞧著呢，突然間刮起了一陣大風，塵沙漫天，眯了大家的眼睛，而等到風停塵落以後，突然就憑空冒出什麼「銅符帛圖」來，上面寫：「這是上天宣告新皇帝誕生的符讖，獻上的人應該封侯。要承接上天的旨意，執行神靈的命令。」

王莽把這兩件奇奇怪怪的事情歸攏到一塊，上奏給太皇太后王政君，意思是：「天命定了，侄兒我要做真皇帝，姑姑您就別再堅持了吧。」這事一鬧，全天下都明白王莽的心思了，於是最離奇的一幕終於出現。西元八年的十二月份，某天黃昏，突然不知道從哪冒出來一個膽大包天的閒人，名叫哀章，他穿一身黃衣服，捧著一個銅盒來到漢高祖劉邦的祭廟前面，把銅盒交給了守廟的官員。官員把銅盒上交，王莽打開來一瞧，只見裡面裝著一份「天帝行璽金匱圖」，還有一份「赤帝行璽某傳予黃帝金策書」，全都寫明了「王莽為真天子」，並且列出十一個人名，都附上相應的官爵，說應當做新天子的重要輔佐——當然啦，哀章本人的名字也堂而皇之地寫在裡面。

學術界一般都認定，這套花樣不是王莽授意的，而是哀章別出心裁，為了當官自己偽造的符讖，他就此得償所願地把王莽扶上了皇帝寶座，自己也落著個國將、美新公的好頭銜。不過我們注意一下，「赤帝行璽某傳予黃帝金策書」這幾個字，說明要求劉邦把劉家天下傳給王莽的是「赤帝」，也即火德天帝，這是按照劉歆的理論，認定漢朝為火德。由此可以證明，王莽在執政以後，就基本上認可了劉歆的研究成果。

所以當王莽終於如願以償，玩出傳說中的「禪讓」把戲，建立新朝以後，就立刻拜劉歆為國師，封嘉新公，把他的新五德學說確定為官方理論。王莽迫不及待地宣布，根據「五行相生」的真真正正的完美學說，漢皇室是帝堯的後裔，屬火德，而他自己則是黃帝的後裔，屬土德，火生土——「赤帝行璽某傳予黃帝金策書」說得很明白呀，接受禪讓的是土德天帝「黃帝」一系——因而新朝接替漢朝是最合情、合理、合法、合適、合襯、合身的。他還特意派了個名叫張邯的儒生去跟百官解釋。

至今故宮收藏的一個新朝的大鼎上，還刻著一行大字：「黃帝初祖，德匝於虞，虞帝始祖，德匝於新……據土德，受正號即真。」

❶黃門侍郎，秦代初置，漢代沿用，為皇帝近侍，可傳達詔書。
❷出自宋．蘇軾《艾子雜說》，比喻一個不如一個，越來越差。
❸地方長官。
❹負責監護和輔佐年幼的國君。

典故

梓潼人哀章，學問長安，素無行，好為大言。見莽居攝，即作銅匱，為兩檢，署其一曰「天帝行璽金匱圖」，其一署曰「赤帝行璽某傳予黃帝金策書」。某者，高皇帝名也。書言王莽為真天子，皇太后如天命。圖書皆書莽大臣八人，又取令名王興、王盛，章因自竄姓名，凡為十一人，皆署官爵，為輔佐。章聞齊井、石牛事下，即日昏時，衣黃衣，持匱至高廟，以付僕射。僕射以聞。戊辰，莽至高廟拜受金匱神嬗，御王冠，謁太后，還坐未央宮前殿，下書曰：「予以不德，託于皇初祖考黃帝之後，皇始祖考虞帝之苗裔，而太皇太后之末屬。皇天上帝隆顯大佑，成命統序，符契圖文，金匱策書，神明詔告，屬予以天下兆民。赤帝漢氏高皇帝之靈，承天命，傳國金策之書，予甚祇畏，敢不欽受！以戊辰直定，御王冠，即真天子位，定有天下之號曰『新』。其改正朔，易服色，變犧牲，殊徽幟，異器制。以十二月朔癸酉為建國元年正月之朔，以雞鳴為時。服色配德上黃，犧牲應正用白，使節之旄幡皆純黃，其署曰『新使五威節』，以承皇天上帝威命也。」

——《漢書‧王莽傳》節選

始明火德

王莽倒行逆施，反讓百姓更厭惡，偏要反掉他的土德漢朝！

說到這裡，不得不提的是，在這個「漢應火德」跟王莽之間，還有過兩起學術懸案。

前面說了，劉向、劉歆父子倆最喜歡新理論，而當理論跟古籍相衝突的時候，他們就毫不臉紅地藉著職務之便篡改古籍，自己寫了東西卻說是古人所作。比如《莊子・內篇》，就有學者懷疑是劉向所偽造；康南海老聖人那本《新學偽經考》裡所說的「偽經」，就是指劉向父子篡改的古籍；顧頡剛先生也專門考證過這個問題，並且指出劉歆正是為了給王莽篡位創造個理論作基礎，所以才硬生生編造出「漢應火德」和那一大串世系德表來。

但這也不是確論，錢穆和其他一些歷史學者就力辯並無此事。理由之一，「五行相生」是自董仲舒老宗師就開始的說法（當然，還有人說，就連董老宗師的《三代改制質文》，後來都被劉歆塞了不少冒牌貨進去），不是那父子倆首創。

理由之二，時間上合不攏，劉歆負責管理典籍的時間有限，很難把所有古書都偽造一遍，退一萬步說，當時經書流傳天下，光他一個人瞎改，也根本沒什麼用處。

第三，王莽自吹是黃帝之後，這都是沒族譜可循的，全是他自己瞎編，反正都是無本生意，他大可以宣稱自己是夏禹的後裔，承木德，剋漢朝的土德，這樣計算起來更方便，連偽造古籍的功夫都省了。這兩種觀點在民國時期曾經爆發過相當激烈的論戰，至今仍舊是誰都沒法說服誰。

這一齣「劉歆偽造」的懸案，連帶著還引發了另外一起懸案，這一次連司馬遷他老人家也給扯進來了。還記得本書開頭那個劉季斬白蛇起義的故事吧？顧頡剛先生就認為這不是《史記》原文，而是劉歆為了證明漢朝屬火德，特意新插進去的——司馬遷是無辜的。

對於這一說法，錢穆先生又有不同看法，他認為「赤帝子」什麼的只是秦末漢初對五種顏色五方天帝崇拜的表現，跟五德壓根兒就沒關係，所以這故事確實是劉邦以後、司馬遷之前就流傳著的，也確實是司馬遷給寫進《史記》裡去的。於是乎，「斬白蛇」的懸案一直傳到了今天，也還沒有定論。

順便講個故事。漢代有一本書叫作《論語撰考讖》，作者不可考，裡面講的是孔大聖人的出身來歷。話說孔子他爹叔梁紇跟孔子他媽顏徵在爬尼丘山去祈禱的時候，顏女士突然感應到了黑帝之精，回來就生了孔丘，所以這孔子嘛，當然就是黑帝的後裔了。本來孔子是有帝王之相的，只可惜他生不逢時，生在了周朝末期，周是木德，接替周的應該是火德，而孔子是黑帝不用錢的兒子，是水德，因而沒辦法只能當「素王」（指沒有君主頭銜的真命天子）了，拿言情小說裡的話來解釋就是「有緣無分」。

——這本書是不是劉歆偽造的，沒人知道，不過它至少是照抄了劉歆新編的五德世系表（周是木德），也就是說，所遵循的奇幻設定是劉歆大國師的而不是鄒老教授的，所以成書必然晚於西漢後期。

再回到這位大新朝的國師爺劉歆本人身上。且說劉歆這位老先生雖然聰明絕頂，但是有時候也挺缺心眼的。一般來說，販毒的自己都不吸毒，降靈的自己都不迷信，可這位專好製造讖緯的國師爺自己，卻真的相信讖緯這回事！

漢哀帝建平元年（西元前六年），也不知道為什麼，民間開始流傳起了一則讖謠：「劉秀髮兵捕不道，卯金修德為天子。」劉歆聽說以後大喜，趕緊找藉口把自己的名字改成劉秀，美滋滋地以為今後有機會坐上皇帝的位子了。可惜劉歆不知道，恰恰就在他改名後第二年，一個也叫劉秀的小孩子在濟陽那地方出生了。

這位真劉秀長大以後，有一次，一個名叫蔡少公的朋友當他面提起這則讖言，說是不是應在當今國師爺身上呢？劉秀微微一笑，說：「你怎知道一定不是在講我呢？」

而那位國師爺、嘉新公假劉秀真劉歆，從此就老存著應讖謠、當皇帝的念頭，終於被人慫恿著造了王莽的反。想當年周武王想造商紂王反的時候就先算卦，劉國師跟王莽一樣復古，也先算卦。周武王算卦不吉，有姜太公踩碎烏龜殼來推他一把，劉國師身邊沒這樣的猛人，結果先算出說只有在東方才能成事，臨出兵了又說等太白金星出現再走，結果拖拖拉拉地貽誤了戰機，輕搖慢步地走上了死路。

章太炎曾經評價說：「孔子以後的最大人物是劉歆。」顧頡剛先生也稱讚劉歆是「學術界的大偉人」，可是這位大偉人就因為深受封建迷信毒害而死，想起來也真是可憐——然而可憐之人，亦必有可恨之處。

劉歆雖然死了，但是他的學說不滅。本來「漢應火德」的說法只是在學術界流傳，西漢皇室從來就沒有正式承認過，但等到王莽拿著它做了篡位的藉口以後，這種「新五德學說」反倒名震天下，搞得盡人皆知——要不然當年哀章也不會偽造「赤帝行璽某傳予黃帝金策書」了。

雖說王莽的名聲響徹天下，可是絕大多數官僚、百姓都只是想讓他幫著搞好漢朝而已，推著他做到「攝皇帝」算頂天了吧——這名號可是前無古人，後無來者，就連周公攝政都沒落到類似頭銜。誰料想王莽當完攝皇帝還想當真皇帝，當了真皇帝以後就開始胡亂改革，結果鬧得天下大亂。於是當時普天下民眾的心理可以歸納為：王莽反對的我們都要支持，王莽滅掉的我們都要光復。

所以，王莽以「土德」篡掉的，本來是不為西漢官方承認的「火德」，可是老百姓反倒因此認準了漢朝非得是火德不可。

在王莽倒行逆施的復古政策下，土德的新朝只延續了短短的十五年，到了西元二三年，更始帝劉玄率領著漢軍浩浩蕩蕩殺進長安城，王莽身首異處。可是那些所謂的漢軍，前身不過是綠林軍而已，絕大多數成員都是大老粗，沒規矩沒秩序，亂哄哄地穿著各種奇裝異服就衝進了城，甚至還有把搶來的女人衣服裹在自己身上的。只有其中一員將領，他的部下一水的漢朝官服、兵服，長安老百姓瞧著直掉眼淚啊：「想不到有生之年，還能再看到漢官的威儀哪！」

這位將領是誰呢？原來就是那個來自濟陽的真劉秀。

劉秀穿著漢朝官服，不用說，一定是黃馬甲啦，終西漢一朝，不管劉歆再怎麼鼓吹，火德也沒能被官方承認，服裝尚黃就沒有改變過。可是如前所述，等到王莽篡位，再到王莽倒臺，「漢應火德」卻深入人心了，劉秀也不好跟輿論對著幹，所以黃馬甲穿了沒有幾天，他就脫下來了，改穿紅衣裳。

想當年劉向父子大編祥瑞，大造讖緯，並不是他們家族特有的惡趣味在作怪，而是當時社會上從皇帝到官員到百姓，普遍就好這個，就信這個。所以劉秀也不能免俗，等他自己打天下的時候，就也開始大編怪異輿論。比方說，當劉秀打下河北以後，從前在長安跟他住同一間大學男生宿舍、睡上下鋪的儒生強華就馬上獻了一篇《赤伏符》，上面寫道：「劉秀發兵捕不道，四夷雲集龍鬥野，四七之際火為主。」符名為「赤」，符言裡又說「火為主」，無論這讖緯是強華自己主動編造的，還是劉秀指使他編造的，總之，都等於承認了漢朝是火德。

等到劉秀開國登基，光武中興，拋棄了舊都長安，把都城改在了洛陽——洛陽在長安東邊，所以史稱東漢。有閒人就提出來了，說這個洛陽的「洛」字帶水字邊，跟我們的火德相沖，不吉利。於是劉秀大筆一揮，去掉「水」字，又在右邊添了「隹」字，給改成了「雒陽」。接下來，「立郊兆於城南，始正火德，色尚赤」。從此以後，「漢應火德」終於為官方所承認——不過不是西漢官方，而是東漢官方——漢人從此不穿黑警察裝也不穿黃馬甲了，清一色改穿了龍蝦袍。

後來班固編史書寫到這段，覺得這個「土德變火德」不大好解釋。他比較滑頭，在《漢書》裡照抄劉邦當年那個斬白蛇稱「赤帝子」的故事，以此來證明漢朝確實是火德。

這以後，終於塵埃落定，漢朝（其實是東漢朝）就是火德啦，並且因此產生了兩個專用稱謂，一個叫「炎漢」，一個叫「炎劉」，得到官方和民間的一致認同。從前的水德和土德，反倒再沒有人提起了。

第3章

魏晉南北朝

可不是自行安上五德就能承天命，
但成為正統就能論德！
五德循環這鍊條一直正經地延續下來，
可來到西晉之後，正式一分為二，玩得更花俏。

生也不行，剋也不行

相生不行就相剋、套上五德得皇位？就算哈德，未必能德（得）！

東漢朝正了火德，大家都改穿龍蝦袍，也就是所謂的「尚赤」。「尚」是什麼意思呢？尚的意思就是崇尚、尊重，說明全社會最尊崇這種顏色。我們要知道，是先有了德，然後才有相應的「尚色」，換句話說，在鄒老教授提出「五德終始說」之前，根本就沒有這一套花樣。古書上說商朝是金德，服裝、旗幟尚白，那都是矇人的——考古發掘倒是挖出很多商朝的人偶來，大多穿著白衣裳，沒辦法，那時候印染水準極不及格，素色衣服最多，想不尚都不可能。

等到秦始皇正式採納五德學說，下詔說我們是水德王朝，這種「尚色」才不再停留在紙面上、理論上，而是正式得到了應用。可是秦朝尚黑，並不是說秦人都只能穿黑衣服，插黑旗，兵馬俑剛挖出來還沒褪色的時候就花花綠綠的，幾乎什麼顏色都有。尚黑一般情況下是指皇帝、官員們的朝服和祭服，必須以黑色為主色調，軍旗也以黑色為最高級，獻給上天的祭祀品也得是黑的，比如黑牛、黑馬、黑羊什麼的。

西漢初年的各種禮儀制度都很粗疏——不粗不行啊，跟著劉邦打天下的功臣們大多是大老粗，像張良、陳平那樣有學問的挑不出幾個來，叔孫通制定新式朝禮的時候，劉邦就提醒過他：「做簡單一點，要不然大臣們搞不懂。」所以就沒有明確尚色，大臣們上朝也是各穿各的，只要別奇裝異服，別袒胸露背就得。直到漢武帝定下土德，官員們才統一著裝，以赭黃色為主色調。到了東漢呢？文武官員的常服尤其是祭祀服，就變成以赭紅為主色調了——沒辦法，當時印染技術仍然不及格，大紅色的衣服又貴又容易掉色，就連官員們也未必人人穿得起。

而五德學說，也從東漢開始演變成了兩套演算法。一套是鄒老教授從黃帝起算的「五行相勝」法，一套是由董仲舒老宗師開頭，最終由劉向、劉歆父子倆完善的從伏羲起算的「五行相生」法。有趣的是，新學說並沒有徹底打倒舊學說，這兩套五德系統並行不悖，全都流傳到後世。雖然「五行相生」法後來居上，逐漸演變成主流，歷代王朝大多採用這種演算法，但萬一不管用呢？圓不了呢？說不通呢？這時候「五行相勝」的舊法就能派上用場了。

比方說吧，西元一四四年，也就是東漢順帝駕崩的那一年，九江郡一個叫馬勉的陰陵人發動叛亂，宣布自己是土德，尚黃色，火生土，所以漢朝要滅在他手裡，於是自稱「黃帝」——這是按「五行相生」的演算法來玩的。後來這位「黃帝」被朝廷鎮壓，入土為安，真成了「土帝」。就在同一年，九江郡又出了一個叫華孟的，在歷陽起義，有了馬勉前車之鑑，證明五行相生的說法不靈光，於是他改弦易轍，宣布說水能剋火，老子我就是「黑帝」——這是按「五行相勝」的演算法來玩的。可惜天不佑德，王師反攻，最後堂堂「黑帝」也落得個淒慘下場。估計這兩位九泉下相見，一定會相擁著抱頭痛哭吧，生也不行，剋也不行，想搞個德性真是太難了呀！

到了東漢末年，張角兄弟率領黃巾軍起義，他們的理論基礎是道士于吉所寫的《太平經》，又稱《太平清領書》，經書裡稱漢為火德之君，而黃巾軍自稱拜的是中黃太乙神，承的是土德，打的旗號是「黃天當立」——這一節常看三國的朋友們都熟悉吧。繼續可惜，這一次土德還是沒能「德」起來，可見就算是「哈德」之人，也未必真的能「德」（得）國。

前面說的這幾次起義，只是「德性」大爆發的先兆而已。黃巾之亂以後，緊接著歷史邁入了華麗的漢末三國時代。曹操一代梟雄，不是傻子，他雖然挾天子以令諸侯，卻不謀朝篡位當那個出頭鳥，也就不著急為德性的事上火；劉備那時候還拖著關張二人全世界流竄，也顧不上德；孫權年紀還小。真正第一個吃螃蟹的傢伙卻是袁家老二——袁術袁公路。

熟讀三國的朋友們都知道這位袁老二心比天高，卻沒什麼能耐，仗著自己是貴族子弟就胡作非為，還腦筋一昏，琢磨著當皇帝。西漢末年出現過一句著名的讖語，叫作：「代漢者，當塗高。」這句讖語最早被割據四川的公孫述拿來給自己當虎皮❶，理由是「塗高」為上古大舜的姓，舜為黃帝子孫，而黃帝又姓公孫……可惜公孫述碰上了「火為主」的劉秀，很快就無懸念地掛掉了。

袁老二想起這一段往事，覺得很有宣傳價值，就緊追公孫述的足跡，說我們老袁家是春秋時代陳國大夫轅濤塗的後代，應了這個「塗」字，而轅濤塗是大舜的後裔，舜是土德，那我袁家也是土德，根據五行相生，恰好取代漢朝的火德。

於是在建安二年（西元一九七年），袁術就高高興興地在壽春稱了帝。那時候他表面上的領地是很廣袤的，幾乎整個江東都在他的治下，按他的想法，四分天下我有其一了，我不稱帝誰稱帝啊？誰料想稱帝詔書才剛一發，孫策立刻跟他劃清界限，江東，沒了！不僅僅是孫策，他身邊的文武倒還勉強跟著，分派鎮守各地的將領卻全都不認他，於是心比天高的袁老二終於命比紙薄，末了連碗蜂蜜水都喝不上就掛掉了。

這位先生不當皇帝則罷，一當皇帝就遭萬人唾罵，到最後也沒好著落，類似遭遇的在他前面有個王莽，在他後面有個袁世凱，可以鼎足而三，競爭「最沒事找事、自討苦吃的稱帝運動」。

有人就說了，他之所以栽這麼大一個跟頭，是因為不學無術。為什麼呢？原來之前曾有人問過周舒，周舒就說那段讖言指的是魏，但沒說明理由。後來蜀漢出了位著名的「烏鴉嘴」譙周，他年輕時曾就周舒關於這段讖言的看法而向杜瓊詢問，杜瓊解釋說「當塗高」當然是代表魏啦。理由何在？因為「魏」指的是宮門外兩旁的建築物，稱為魏闕，塗字是通假字，通的是途，也就是路，所以「當塗」就是指在道路當中，而在道路當中的高大建築自然就只有魏闕了。這樣看起來的話，袁老二根本就是冒名頂替偷了曹操的月票坐公車，他焉能不敗？

袁家老二死了，還有個袁家老大。袁紹袁本初比他弟弟有能耐，知名度高，人緣也好，實力也強，於是乎，他不免也動了稱帝的心思。在攻破易京，捏掉公孫瓚以後，袁紹是志得意滿，傲氣橫生，於是他手底下有個叫耿苞的主簿瞧著有門路，就悄悄遞話說現在漢朝的火德已經不行啦，將軍您是黃帝之後，享土德，正是取而代之的大好時機。

這個耿苞倒真是用心良苦，他知道要是說袁家是大舜之後，就等於把袁老大降到袁老二的檔次去了，所以乾脆再提高幾代，從黃帝起算。袁老大自己聽著挺高興，不過他比弟弟多了個心眼，先把這事亮出來給幕僚們商議。也不知道幕僚們都是大漢朝的忠臣呢，還是認為時機未到，眾口一詞地怒罵耿苞大逆不道，該砍一萬次頭。袁老大沒敢吱聲，回頭就把耿苞給砍了，以證明自己沒這心思。

可是他真沒這心思嗎？本來這兄弟倆為了爭袁家的嫡長子鬧得水火不容，老大聯合曹操、劉表打老二，老二聯合公孫瓚、陶謙打老大，不像親兄弟，倒像是宿世的冤家。可是等到老二應付不來了，聲稱將要拿著自己的玉璽去獻給老大，老大立刻就原諒了兄弟向來的所作所為，熱烈歡迎。好在曹操那時候正「挾天子以令諸侯」呢，誰都盼著漢朝垮臺，就他不盼著，趕緊派劉備去堵截，才終於做掉袁老二，也沒讓袁老大得著好。

拉回來說，雄踞河北的袁紹尚且這般「猶抱琵琶半遮面」，別家諸侯就算起了同樣的歹念，也都不大好意思明說出來，大家只敢心裡想著當「土皇帝」，不敢表現出來想當真皇帝。連年戰亂，一直到了三方鼎立局勢穩定下來，曹丕篡了漢，這德性之說才重新浮出水面。

❶比喻仗著別人的威勢，來保護自己、嚇唬他人。

土魏和火蜀

要承天命還真不容易，刪這朝、承那朝，只求德性說個圓。

關於「當塗高」指代「魏」字這件事，史書上也並沒有說清楚，當杜瓊給譙周解釋這一點的時候，袁術、袁紹究竟掛了沒有，曹丕有沒有篡漢。倘若曹丕已經篡漢，建立了魏朝，那這兩位就是馬後炮，一點技術含量都沒有。倘若曹丕還沒有篡漢呢？建安十八年（西元二一三年），漢獻帝封曹操做「魏公」，從冀州劃出十個郡來給他建立魏國，三年以後，曹操又晉爵魏王——「挾天子以令諸侯」的曹丞相是當時全天下最強橫的勢力，十個人裡有八個相信魏國會代漢而興，那兩位的解釋、預言仍然在情理之中，一點兒也不神祕。

漢獻帝大概沒聽說過這則「當塗高」的讖謠，否則他不會封曹操當魏公、魏王。不過話又說回來，當時曹操的大本營在鄴城，屬於戰國時代的魏國境內，當時的上一級行政區劃也叫魏郡，所以就算漢獻帝封曹操什麼宋公、趙王，預言家們仍然可以事後解釋，說這個「魏」不是指國名，而是指地名。再說了，曹操大權在握，他要是明說「魏」這個字眼漂亮，老夫我就要了，你漢獻帝敢不給加封嗎？

倘若那兩位解釋、預言的時候，是在曹操還沒有占據河北，把大本營遷到鄴城之前呢？一樣說得通，因為那時候雄踞鄴城的乃是袁家老大袁紹，「官渡之戰」前，袁紹是穩穩當當的天下第一大勢力，若說「魏」地的袁紹將代漢而興，十個人裡面也仍然有五個信，二博一，陰陽家、方士們這點賭性還是有的。

所以說，所謂符讖、讖謠，究竟是些什麼玩意？那就是含含糊糊、似是而非的順口溜或者不順口溜，解它得靠矇。

你要真信了還矇不對，那就是學問不到家，八成落個袁術的下場，要是誰僥倖矇對了，大家轉回頭來就會說「還真是靈驗啊」，然後崇拜這個會猜題的傢伙學問高深，鬼神莫測。

當初在漢桓帝的時候，據說有人在楚、宋之間見到了黃星，遼東還有一個叫殷馗的傢伙預言道：「五十年後，在梁、沛地區要出一位大英雄。」到了漢靈帝的時候，據說又有人在譙地見到一條黃龍，太史令單颺說這地方將要出帝王啊。這不禁讓我們想起當年的公孫臣來，從陰陽家到儒生，詐術經歷了這麼多年，還是沒有絲毫的進化，一點新意都沒有。

這些真實性無可考證的祥瑞，黃來黃去的，作為曹丕篡位用的理論基礎，算是足夠實用了，更何況還有「代漢者，當塗高」能作為堅實的理論基礎呢。

黃色代表土德，有這麼多黃色的讖緯出現在曹氏的老家，用意不言自明。而且，曹丕選的是五行相生派的說法，而不是稱自己是剋掉火德的水德，理由很簡單，因為漢家的天下是「禪讓」給曹丕的。據說在禪讓的時候，有多隻黃鳥叼著紅色的文書聚集到了尚書台，不用問了，這一定是「上天」降下來的徵兆，紅火生了黃土呀。於是曹丕登基以後，立刻就宣布改元「黃初」——你瞧，連年號都是黃的！

唯一討厭的是，那袁家兩兄弟一個操控了舜帝，一個占有了黃帝，曹魏自然不能跟他們同出一處，必須另選一個新祖宗。從古籍裡查考，能和老曹家拉得上關係的只有顓頊，但顓頊按照劉歆大國師的系統是屬於水德，按照鄒老教授的系統則壓根兒沒他什麼事，這就和曹魏大力宣傳的土德不符。怎麼辦？沒轍，曹丕只能狼狽地解釋說我們就是顓頊的後人嘛……什麼，你說他是水德？對啊，但顓頊和舜的祖先還是一樣的嘛，所以我們承的還是舜的土德啦……這種反覆繞圈子的解釋當真是牽強附會，一看就是走投無路之下硬憋出來的理由。不過也罷，反正就是個虛而又虛的形式嘛，也沒什麼大不了的。

前文說過，當初光武帝劉秀為了討個吉利，曾經把「洛陽」的水字邊去掉，給改成了「雒陽」。如今漢家亡了，曹魏興了，就有閒人上疏說按照五行學說，「土，水之牡也」，水襯著土才能流動起來，土得到水才能變得柔軟……最後總結說這水啊，對土德是有好處的。

這一堂玄之又玄的物理課把曹丕弄得暈頭轉向，不過他這麼一琢磨，反正土剋水，不吃虧，於是就下令把「雒陽」給改回來，「隹」字去掉，「水」字放回去，仍然叫洛陽——這可太體貼了，雒字比洛字難寫多了，我們今天不用再寫「雒陽」了。

曹魏是土德就這麼定了，本來沒有懸念，可誰想到了魏明帝曹叡上臺以後，這小傢伙不知道吃錯了什麼藥，老吵著我們曹魏新建王朝要改正朔。群臣心想這一改正朔，那就得改服色啊，我們大魏的黃馬甲挺漂亮，隨便亂改會遭人嘲笑的，就紛紛上疏表示反對。曹叡小朋友卻是個驢脾氣，三番五次地鬧，非改不可。

好在大臣裡有個叫高堂隆的上了道奏章，先順著皇帝的毛捋了捋，把他穩住，接著跟司馬懿等人想出一個折衷的辦法來，那就是搬出董仲舒老宗師的「三統說」，說曹魏是地統，地統尚白，可以按照這個來改正朔，以十二月為正月，祭天的時候用白色的牲口，但服色還是按照五行的黃色來吧。於是在群臣連哄帶勸之下，曹魏總算是仍從黃色土德——小孩子真難伺候。

從這開始，又開了一個奇怪的頭，就是尚色光尚服裝了，此後歷朝歷代，祭天、祭祖用的牲口，卻往往未必跟服裝尚同一色。

三國三國，說了曹魏，那還有另外兩國呢？

劉備建立蜀漢，根據《三國志》的記載，這位耳大招風、雙手過膝跟類人猿一般的皇帝，打小上天就有預示，說他將來必定大富大貴。當時劉備住在涿郡，家裡很窮，可是屋子東南角上長著一棵大桑樹，遠遠望過去，就跟馬車上的遮陽傘似的。那時候可不是人人都打得起遮陽傘，只有皇帝和高官的車上才有，所以當時就有個叫李定的人放話，說：「這家必然要出貴人。」

所謂的「貴人」，未必是指皇帝，可是小劉備自己先有了雄心壯志，在跟小孩子們玩遊戲的時候，就指著大桑樹說：「我將來一定會乘坐這種『羽葆蓋車』。」所謂「羽葆」，就是皇帝專用的用鳥毛裝飾的傘蓋——還好只是個小孩子，大人罵兩句「別胡說，給我們家惹禍」就算了，這要是成年人說的，再遭人揭發，估計直接就被逮捕法辦了。

桑樹是木，上天若真以此為預兆，那就是說劉備得要建立一個木德的國家呀。可是且慢，蜀漢號稱是漢朝的正統，不是新國家，只是舊王朝暫且退到西邊去待兩年而已，皇帝劉備放話了：「我們遲早還是要殺回中原去的嘛。」因而理所當然，仍然得是火德。

南朝劉宋時候，有一個叫劉敬叔的人在《異苑》裡提到過這麼一檔事：「蜀郡臨邛縣有火井……桓靈之際，火勢漸微；諸葛孔明一窺而更盛。」白話來說，臨邛有一口盛產天然氣的火井，漢桓帝、漢靈帝的時候逐漸燒得不如從前了，等到諸葛亮到四川去瞧了一眼，嘿，這火就重新旺盛起來。這故事的寓意很明確，就是說大漢朝本來到了桓帝、靈帝離完蛋很近啦，幸虧有諸葛丞相在四川撐著局面，才使得漢火重光，又多燒了好幾十年。

搞笑的是，當劉備在成都稱帝的時候，也有人跑來彙報說，曾經在武陽的赤水看見過一條黃龍，待了九天才走。且不說這是曹魏玩剩的橋段，單從顏色來說也跟漢德不合。不過很多蜀漢文人都引經據典地解釋，說《孝經援神契》曾有言：「德至水泉，則黃龍見者，君之象也。」加上《易經》裡又說「飛龍在天」，所以老大您當皇帝是完全符合天意的。就這樣，他們輕輕跳開那渾蛋的「黃」字，避實就虛單說可愛的「龍」字，打著降龍十八掌就給蒙混過去了。

典故

魏文帝以漢延康元年十一月受禪，給事中博士蘇林、董巴上表曰：「魏之氏族，出自顓頊，與舜同祖。舜以土德承堯之火，今魏亦以土德承漢之火。於行運合於堯舜授受之次。」遂改延康元年為黃初元年。議改正朔、易服色、殊徽號、承土行，十二月幸洛陽，以夏數得天，故即用夏正，而服色尚黃。又詔以漢火行也，火忌水，故『洛』去『水』而加『隹』；魏於行次為土，土，水之壯也，水得土而乃流，土得水而柔，故除『隹』加『水』，變『雒』為『洛』。

明帝景初元年春正月壬辰，山茌縣言黃龍見於是。有司奏，以為魏得地統，宜以建丑之月為正。三月，定曆改年，為孟夏四月。初，文皇帝即位，以受禪於漢，因循漢正朔弗改。帝在東宮著論，以為五帝三王禮不相襲，正朔自宜改變，以明受命之運，及即位，優游者久之。史官復著言宜改，乃詔三公、特進、九卿、中郎將、大夫、博士、議郎、千石、六百石博議。議者或不同。帝據古典，甲子詔曰：夫太極運三辰，五星於上，元氣轉三統，五行於下，登降周旋，終則又始，故仲尼作《春秋》，三微之月，每月稱王，以明三正，迭相為首。今推三統之次，魏得地統，當以建丑之月為正月。考之《洪範》，厥義章矣。其改青龍五年三月為景初元年四月。服色尚黃，犧牲用白，戎事乘黑首白馬，建太赤之旗，朝會建大白之旗，改太和曆曰景初曆。其春夏秋冬，孟仲季月，雖與正歲不同，至於郊祀、迎氣、礿祀、蒸嘗、巡狩、搜田，分至啟閉，班宣時令，中氣早晚，敬授民事，皆以正歲斗建為歷數之序。初，高堂隆以為改正朔、易服色、殊徽號、異器械，自古帝王所以神明其政，變民耳目。故三春稱王，明三統也。於是敷演舊章，奏而改焉。帝從其議，改青龍五年春三月為景初元年孟夏四月，服色尚黃，犧牲用白，從地正也。

——《冊府元龜・帝王部・運曆》節選

庚子歲，青蓋入洛陽

明明只有「正統」能論德，一心想當王的孫吳卻狠狠占了兩德！

三分鼎足，蜀漢不玩新花樣，至於東吳，開國皇帝孫權更沒什麼創意，完全照搬了曹魏的劇本。西元二二二年，他還當著吳王呢，就先不搭理「正統」王朝了——劉備剛來打過他，曹丕事後想趁火打劫，全都鎩羽而歸——直接改年號，定為「黃武」，帶了個「黃」字，同時還宣揚在鄱陽發現了一條黃龍。

我在這裡提到「正統」，這個詞據說來源於儒家經典的《春秋》，意思是以宗周為「正」，合天下為一「統」。這個詞跟五德循環逐漸地也扯上了密切的聯繫，因為不管是鄒家舊學派，還是劉家新學派，都認為只有正統王朝才能論德，不正統的（後世遂有「偏統」、「竊統」之類的說法）就沒有資格。那麼三國鼎立，誰是正統呢？後來有人說曹魏是正統，也有人說蜀漢是正統，總之，這個帽子從來就沒戴到過東吳頭上。

當然啦，那都是後來的歷史學家個人的觀點，而在當時，孫權認為自己就是正統，孫家班的人們也必須得認定自己的正統——難道你們兩家都正統，就我是偏的，那這大旗還怎麼扛啊！

孫權還稱著吳王的時候，照理說不管怎麼論，正統都排不到他頭上，他自己也不大好意思覥著臉自封，一直等到黃武七年（西元二二八年）年底，這位老兄坐不住了，終於正式稱帝。於是乎，立刻就有人聲稱在夏口又見著一條黃龍——也不知道那時候是滿天飛黃龍呢，還是同一條黃龍全天下到處溜達——因此，這一年就是「黃龍」元年。孫權連年號都懶得想了，直接這麼黃來黃去的，不用問了，東吳當然跟曹魏一樣，也是土德啦。你瞧這多簡單啊，徹底「拿來主義」❶，可以完全照抄別人的理論，你曹丕受了禪讓是「火生土」，我待在江東自己當皇帝，照樣「火生土」，究竟誰「土」得對呢？放馬過來，我們先打過再說。

不得不承認，老孫家對於祥瑞的執著精神是非常值得讚嘆的，孫權幾次改年號，全都有天曉得怎麼就冒出來的祥瑞、祥物支撐著。比如西元二三一年，會稽郡彙報說境內出現了「嘉禾」——所謂嘉禾，就是生長得很茁壯或者很「詭異」的禾苗，古人認為是豐收的吉兆——於是次年就改元「嘉禾」。西元二三八年八月，武昌又上奏說發現了麒麟，相關部門建議碰上這種祥瑞就應該改年號。孫權表示：「不久前，有大群紅色的烏鴉匯集在殿前，是朕親眼所見，倘若神靈認為該降吉兆，那麼朕以為年號應該改為『赤烏』。」群臣立刻大拍馬屁道：「當年周武王討伐商紂，就出現過紅色烏鴉的吉兆，君臣們全都見著了，於是奪取了天下。陛下您真是聖明啊！」於是當年就改元「赤烏」。

明明自稱土德，這回又玩起「赤烏」來了，土不該是黃色的嗎？赤可是火的顏色，對不上怎麼辦？孫權倒不堅持，下詔說既然上天給了預兆，不如改德吧。那麼改成火德嗎？不行，漢朝就是火德，哪有繼承漢朝的吳朝繼續屬火德的道理？那不是和當初劉邦犯一樣的毛病嘛。好在劉歆早就有擺了備案在那——周武王也見過赤烏，按照鄒老教授的理論，周就是火德，可是按照劉歆的新理論，周卻是木德——孫權一琢磨，木在東方，我大吳也在東方，而且木剋土，證明我遲早要滅掉土德的曹魏，嗯，很靠譜，也很解氣，就這麼定了。

所以曹魏是土德，蜀漢是火德，一直不變，孫吳卻一家占了兩個德。

說是三分天下，但曹魏的疆域要比孫、劉兩家加起來都遼闊（包括西域長史府），基本上可以說天下六分，曹魏占三分，孫吳占兩分，蜀漢占一分。可要是論起種種並不靠譜的祥瑞、祥物和讖緯來，曹魏和蜀漢加在一起，怎樣都追不上孫吳。為什麼呢？其實也很簡單，因為曹魏從曹叡以後，很快就司馬家權臣當政，他們要搞也是搞對司馬家有利的花樣，而不會去照應曹家；蜀漢呢？劉備死後是諸葛亮執政，然後是諸葛亮的弟子蔣琬、費禕等人，小說裡「狀諸葛之多智而近妖」，但歷史上的諸葛亮並不喜歡搞迷信，當然更不會妖法，他的弟子們除了費禕略微有點不靠譜外，也基本上沒玩過什麼戲法。

費禕怎麼不靠譜呢？原來他當大將軍的時候，為了準備北伐，長年待在漢中，難得回一趟成都，偶爾回來一趟，卻聽一個算命的說什麼「成都沒有大將軍的位置」，於是掉頭又回去了——最終他就遭人刺殺，死在了漢中。我懷疑那算命的其實是想說：「成都沒有大將軍起墳的位置……」

拉回來再說東吳，東吳除了個孫亮外，包括孫權、孫休和孫皓，那都是握著實權的，他們當然會想盡辦法利用迷信活動給自己臉上增光添彩。再說了，曹魏接受了漢帝的禪讓，蜀漢自稱繼承了炎漢的事業，都有拿得出手的正統理由，只有孫吳政權多少有點名不正、言不順，要不搞點花樣來凝聚一下人心，恐怕隊伍就不好帶了。

所以孫家搞迷信，從孫權開始，一直搞到末代君主孫皓，而這位孫皓玩戲法比孫權更奔放，奔放到讓後人讀起相關事蹟來，真不知道是該笑還是該哭。前面說了，孫權經常一撞見祥瑞就要改年號，孫皓也是一樣，他繼位的第二年就有傳言說蔣陵這地方天降甘露，於是改年號為「甘露」。

這時候，突然有一個沒留下名字的「望氣者」跳了出來，跟孫皓說：「我最近觀瞧天上，不大對呀，為什麼荊州地界冒出了重重的『王氣』來，壓過了揚州呢？」孫皓一琢磨，現在的首都在建業，屬於揚州，揚州的王氣竟然被荊州給壓倒了，那還了得？於是立刻下詔，遷都武昌（屬於荊州）。他同時派人挖掘那些地處荊州，且和山脈相連的各大臣、名門的墳墓，以免那所謂的「王氣」落到這些家族頭上。

說來也巧，孫皓前腳才離開揚州，永安縣就起了叛亂，山賊施但劫持了孫皓的兄弟孫謙，一直殺到建業邊上。孫皓聞訊，急忙從荊州派兵前去鎮壓，然後他恍然大悟：「這不就是荊州的王氣壓倒了揚州嗎？」於是派了好幾百人，吹吹打打地進入建業，就在城裡把施但的妻子兒女都砍了頭，還宣布道：「天子派荊州兵來破揚州賊！」以為這麼一來，那「望氣者」的預言就應驗了，以後就太平無事了。

既然太平無事，孫皓也就可以回來了。甘露二年（西元二六六年），武昌挖出了一口寶鼎，於是改元「寶鼎」，隨即回都建業。寶鼎後面的年號是建衡，建衡三年（西元二七一年），因為據說有大群鳳凰（真的不是野雞嗎）聚集在皇家花園裡，於是次年就改元「鳳凰」。鳳凰三年（西元二七四年），吳郡上報，說是挖到了一塊方方正正的銀子，長一尺，寬三分，上面刻有年月日，於是次年就改元「天冊」。

天冊二年（西元二七六年）七月，吳郡（怎麼又是吳郡）上奏，說郡內的臨平湖在東漢末年堵住，如今已經挖通了，當地老人曾說：「此湖塞，天下亂；此湖開，天下平。」並且還在湖邊挖到了一個石頭盒子，裡面有塊青白色的小石頭，長四寸，寬兩寸，上面刻有皇帝字樣。於是當月就改元「天璽」。

天璽元年（西元二七六年）八月，鄱陽郡上奏，說在歷陽山發現由石頭的天然紋路組成的文字，瞧著像是：「楚九州渚，吳九州都，揚州士，作天子，四世治，太平始。」孫皓一琢磨，楚就是荊州，是我治下土地，吳就是揚州，我的都城在這裡，老爺我生在揚州，當然是「揚州士」啦，從大帝孫權、會稽王孫亮、景帝孫休到老爺我，正好四代，看起來這是上天的預兆，表明我這一代將要統一天下，做真真正正的天子啦！再加上吳興郡也報告說在陽羨山發現長十多丈的一塊空心大石頭，名為石室，是空前的祥瑞，於是孫皓就打算封禪陽羨山（古來天子都封禪泰山，他倒真能別出心裁，不過也沒辦法，泰山那是西晉的地盤，不歸他管），計劃明年改元「天紀」。

還是那句話——「上有所好，下必效焉」。正因為皇帝信祥瑞，所以下面的官僚也就緊著獻祥物，反正那些東西都不難偽造，那時候也沒有碳十四之類的技術能做鑑定。然而最倒楣的是，孫皓這傢伙不僅僅是利用迷信來給自己臉上增光而已，他還真的信了。比如，他在宮裡養了一大群巫師，其中有一個就空口白話地預言道：「庚子歲，青蓋當入洛陽。」孫皓聽了是大喜啊，這不正說明我要領兵殺進洛陽城，取得天下了嗎？

巫師說這話的時候是哪一年？乃是建衡三年（西元二七一年），根據天干地支紀年法，是辛卯年，距離著庚子年還有九年。九年時間說長不長，說短不短，孫皓心想我這就該準備動兵啦，誰都不能保證一場戰役就能滅了晉朝、打破洛陽城不是嗎？要是萬一慢了一步，九年以後沒能成功，要再等六十年才是下一輪庚子年，我早掛啦，這真命天子之位只能留給兒孫來當，那多鬱悶！

孫皓可壓根兒沒想自己的實力如何，有沒有可能打敗晉軍，先別說殺進洛陽城了，能不能在中原站住腳跟都成問題。於是他大起三軍北伐，結果跑到半路才發現天氣冷了，忘了給士兵準備冬衣，結果大批吳兵凍死、凍傷，還有的乾脆倒戈一擊，降了晉了。這樣子還打什麼仗啊？孫皓碰了一臉灰，只得返回了建業。

自那以後，他似乎乾脆就把這預言給忘了，要麼真打算再等六十年，把好機會讓給兒孫。可不用說，那巫師順口一胡謅，倒真給說準了——要不然這則預言也不會被堂而皇之地記載在史書上，流傳到今天。建衡三年之後的第九年，正是「庚子歲」，按西曆是西元二八〇年，那一年西晉派發六路大軍，洶湧南下，很快就殺到建業城下，孫皓沒有辦法，只好脫下皇袍，讓手下人把自己反綁起來，又抬上了棺材，打開城門去投降。隨即受降的晉將王濬就把他裝上馬車，給押送到洛陽去了。

庚子歲，孫皓的「青蓋」果然入了洛陽，只是他的身分不是征服者，而是階下囚。

❶來自魯迅發表於《中華日報・動向》的一篇雜文，指吸收外來事物長處為己所用。

白坑破

一首童謠暗示西晉將亡，五德鏈條自此被五胡亂華一分為二。

合久必分，分久必合，終於到了三分歸晉的時候，那麼司馬家又該是什麼德呢？

按照劉歆的新五德理論，魏是土德，接受曹魏禪讓的司馬晉就應該是金德，尚白色，因為土生金嘛。然而事情並沒有那麼簡單，就在晉武帝泰始二年（西元二六六年）的時候，一群老頭子官僚上疏，說大晉是受了魏禪，應該學舜帝接受堯帝禪讓的傳統，繼承前代的土德和黃馬甲。

請注意，按照舊的「五德終始說」，堯舜算一朝，都是土德，可是按照劉歆新五德學說，唐堯是火德，虞舜則是土德，根本沒有繼承——這分明是舊學派對新學派的反撲嘛。

看起來司馬炎對於德性的說法不是很在意，只要有德就行，是什麼德關係不大，既然老先生們都這麼說了，那就這麼定吧。可誰想如此一來卻掀起了軒然大波，新學派的閒人們紛紛上疏駁斥，尤其以寫過《魏氏春秋》、《魏氏春秋異同》和《晉陽秋》的大史學家孫盛態度最激烈，孫盛直接扛出「天道」來說事，說你們這麼搞是有違天道啊，我們大晉代魏而興，就應該是金德代了土德。

大帽子一扣，老先生們只好認，司馬炎也就「從善若流」，從此大家都穿白衣服——倒是比做黃馬甲省工。

德性之說一旦興起，自然就會有「哈德」的人獻祥瑞之類的來配合論點，這一次也不例外。據說魏明帝時期有人在張掖的刪丹縣金山柳谷裡面發現了一塊大白石頭，上面寫著：「上上三天王述大會，討大曹金但取之金立中大金馬一匹中正大吉開壽此馬甲寅述水。」一共三十五個大字，字是都認得，但要有人能夠讀通才叫見了鬼了。魏明帝也讀不通，但他橫看豎看，一眼發現了「討大曹」三個字，心裡極不痛快，乾脆派人把那討厭的「討」字裡的一點敲掉，變成個「計」字。

等到司馬炎受了曹魏的禪讓以後，一個叫程猗的人提起這件事，跟司馬炎說：「這石頭上有個『大』字，乃是極為興盛的意思；有個『金』字，正是我晉朝的德性；還有個『中』字，意思就是正趕上交會的時機；還有個『吉』字，當然就是吉利的意思。這石頭分明就是暗示陛下您開創大晉王朝乃是順應天意，上上大吉呀！」

好嘛，他倒省事，也不通讀也不通解，光揀了四個吉祥字來說，剩下那些就裝沒看見。

細心的朋友也許要問了，這個金德跟「事實」有矛盾啊。蜀漢是火德，火非但不生金，反而是剋金的，怎麼會是三國歸晉，而不是晉歸了蜀漢呢？這個嘛，好解釋，因為伐蜀的不是晉，而是魏。

雖然那時候司馬氏早就控制了朝政，但名義上還是曹魏的天下，皇帝還是曹奐，所以滅蜀從五德來看，恰好是「火生土」；而到了伐吳的時候，曹魏土德已敗，司馬氏已經得了天下，承了金德，「金剋木」，所以晉軍伐起東吳來也就無往而不利了。五德之說確實是虛妄，但你只要用心，總能夠找到理由——我雖然不是大儒，照樣能圓。

關於晉朝的德性，還有一則有趣的故事。且說建興年間，晉愍帝司馬鄴在位，江南地區突然流傳開了一首童謠：「訇❶如白坑破，合集持作甒❷。揚州破換敗，吳興覆瓿甊❸。」這裡所說的「坑」，不是土坑、泥坑，而是指一種陶製容器，它的口是用金屬鍍起來的，所以屬「金」，白坑白坑，又是「白」顏色，所以據說就是指「金德尚白」的西晉司馬氏。童謠的基本意思是說，「訇」的一聲，這個「白坑」（也就是西晉司馬家）要完蛋啦，大家只好把碎片拼起來做個甒（一種有蓋的酒器），在揚州重新使用，在吳興（屬於揚州）這個地方，用來蓋著瓿甊（小瓶子）。

果然到了建興四年（西元三一六年），匈奴大將劉曜攻陷長安，司馬鄴投降，西晉滅亡——「白坑破」；隨即宗室、琅邪王司馬睿在揚州建立起了偏安❹一隅的東晉王朝——「破換敗」。

從來讖謠這種花樣，最常見的一個種類就是童謠。一方面，這小孩子什麼都不懂啊，有心人編個合轍押韻、朗朗上口的瞎話，最容易教會小孩子，小孩子既然搞不懂內容，也就會無所畏懼地到處傳唱，你根本找不到源頭。另一方面，理由還是小孩子什麼都不懂，所以大人們都認為從小孩子嘴裡說出來的某些話是真正代表了天意。

就以這首「白坑破」的童謠來說吧，五言四句，還押韻，確實很上口，小孩子肯定喜歡到處傳唱。

更重要的是，這首童謠神神祕祕，似是而非，在劉曜殺進長安之前，就算有人猜到「白坑破」是指西晉滅亡，也猜不到「揚州」、「吳興」會發生什麼事。而要把已經發生了的事情往語焉不詳的讖謠上附會，腦袋會轉彎的人，誰都能幹，也就是謊圓得靠譜不靠譜而已。君不見，直到今天還有很多人在偽造和解釋《推背圖》❺之類的怪書，說唐朝人就已經預見日寇侵華了。

西晉亡了，接下來的歷史，麻煩可就大了，以往雖然五德說法很多，舊派、新派互相攻訐，可基本上都是一朝一代交替著來，還算勉強有個譜。可從西晉滅亡開始，這譜就徹底亂了套，因為「五胡亂華」開啟了史稱東晉十六國和南北朝的大分裂時期。那時候南北對立，諸國蜂起，華夏大亂，大家人手一「德」，互相生又互相剋，真是混亂到不行。

「五胡亂華」最直接的結果，就是滅亡了西晉，把司馬氏和中原大族趕去了長江以南。在中原折騰的少數民族兄弟們先後宣稱自己是繼承了西晉的正統，該按著五德繼續排行；而在江南的東晉以及隨後的宋、齊、梁、陳四朝則認為自己才是華夏正根，最有資格參與五德循環，北邊那些少數民族都是僭越，是偽朝。結果五德學說的鏈條到這裡就一分為二，形成一南一北兩條分支，雙方誰也不服誰，倒也煞是熱鬧。

且讓我們先從北邊說起吧。

❶音同「轟」，形容巨大的聲音。
❷音同「五」，古代盛酒的瓦器。
❸音同「摟」，瓶之意。
❹指失去原有領地，而偏處苟安於部分領土。
❺中國古代著名預言書，由唐代李淳風、袁天罡合著。

三家搶水德

匈奴貴族也入戰！承漢姓、又姓劉，還不來個復興漢室承天命？

東晉十六國，北邊第一位玩德性的，乃是漢皇帝——大單于劉淵。怎麼皇帝還加單于的號呢？原來這位劉淵不是漢人，而是匈奴貴族，他老爹名叫劉豹，是南匈奴的左賢王，劉姓是當初漢朝給的賜姓。

西元三〇四年，西晉這正轟轟烈烈地在「八王之亂」呢，劉淵就以幫助其中一王——成都王司馬穎——奪取政權為名起兵，自稱大單于。單于是匈奴首領之號，本來擱中原就等同於皇帝，但自從匈奴被漢軍打殘，部分西遷、部分歸附以後，單于就降格成中原王朝的藩王了，而既然是藩王，總得立個國號吧。

立什麼國號才好呢？劉淵一琢磨，漢、匈兩家打高祖劉邦開始就時不時地和親哪，有不少漢室公主都嫁到北方來做匈奴單于的閼氏❶，一代代傳到今天，估計大多數匈奴貴族的血管裡都摻了漢血了。再加上我是血統純正的匈奴王族，我又姓劉，那肯定得算是漢室宗親哪。

於是他就拿著八竿子都打不著的親戚說事，宣布國號為漢，而他自己，匈奴稱號是大單于，中原稱號就是漢王。

漢王劉淵就這樣摻和進了「八王之亂」，可是沒過多久，他名義上的主子司馬穎就掛掉了。劉淵立刻把臉一翻，不再承認西晉的中央政權，而公開豎起了反旗，說要復興大漢天下，就跟外甥要給舅舅報仇一樣。

劉淵登基稱帝，還很有幽默感地追尊蜀漢那位後主劉禪為孝懷皇帝，立漢高祖以下三祖五宗的神主，擺明了要繼承蜀漢的火德。只可惜他終究出身少數民族，政權核心層全是匈奴人，腦袋上大單于的帽子也捨不得摘掉，於是這復興漢室的口號就徹底變成了個冷笑話，根本沒人搭理。

其後劉淵駕崩，其子劉聰繼位，派堂哥劉曜攻破長安城，拿下了晉愍帝司馬鄴，滅了西晉。不久後劉聰也掛了，其子劉粲被大將靳準所殺，劉曜就趁機在司空❷呼延晏等人的擁戴下自稱皇帝，然後發兵滅掉了靳準。呼延晏提醒劉曜道：「晉朝是金德，我們取代了晉朝，按照五德相生的說法，金生水，應該是水德。可漢本來是火德，對應不起來。不如把國號改成趙吧，趙氏出自天水，正應和了水德。」

劉曜聞言連連點頭，他想到自己叔叔、堂弟白打了那麼多年漢家旗號，可是中原士人不說簞食壺漿來迎王師❸吧，反倒是抵抗的抵抗，逃跑的逃跑，可見這謊撒得太大，壓根兒矇不了人。算了，不裝了，什麼復興不復興的，這是初興，是新王朝，才不是什麼前代王朝的延續。

於是劉曜下詔，改國號為趙，定為水德，水德尚黑，所以服色、旗幟，全都改成黑的。當然啦，他順道就拋棄了劉邦等偽造的祖宗，正式尊奉跟劉邦同一時期的匈奴大單于冒頓為祖。

劉曜定德性為水德，這沒什麼，可是改國號為趙，這事幹得就有點太輕率了。為什麼呢？因為「趙」這個字已經有人用啦，而且還就是他底下人。且說劉淵曾經親手提拔起來一員大將，名叫石勒，是羯族人，多年征戰，名聲很響，兵力雄厚。劉曜打靳準的時候，也寫信讓石勒出兵，為此封了他一個趙公的爵號。你說古往今來，哪有王朝和王朝屬下藩王用同一個名字的道理呢？

當然啦，皇帝想要的字眼，臣子就該雙手奉上，劉曜當了趙皇帝，給石勒換個封號也就得了。可是劉曜壓根沒理會這件事，等石勒派人去獻上靳準首級求獎賞的時候，他乾脆加封石勒當趙王，給的禮儀待遇，就跟當年曹操輔佐漢獻帝的時候一模一樣。你說學誰不好，去學漢獻帝，下場注定了不會美妙。果然，沒多久兩人就鬧分裂了，石勒撇著嘴發狠話道：「什麼趙王、趙帝，我自己去拿，哪用得著你封！」於是自稱大將軍、大單于、趙王。

就這樣，北方同時出現了兩個打著「趙」字旗號的政權，為了加以區分，史稱劉曜的趙為「前趙」，石勒的趙為「後趙」。

在「二趙」混戰的時候，發生了這麼一檔事。茌平的縣令師歡打到一隻黑兔，獻給了石勒。石勒身邊一個叫程遐的馬屁精立刻開始頌聖，說這兔子是黑色的，黑乃水德之象，預示著您將取代晉朝的金德而興。石勒聽了特別高興，立刻宣布改元「太和」，以紀念此事。

西元三二八年，石勒在戰場上大獲全勝，俘虜了劉曜，第二年又俘虜前趙太子劉熙，正式滅亡前趙。劉曜還想石勒做曹操呢，結果石勒是曹操、曹丕父子倆二合一，用大趙天王玩個過渡以後，直接就登上了皇帝寶座。到這時候，石勒又突然想起了黑兔這件事，恰好侍中任播也上疏說：「那個劉曜的『趙』來路不正，不該算在五德之內。我們『石趙』才該是繼承了晉朝正統的水德哪。」兩件事聯繫到一起，於是後趙就也應了水德，尚黑——這跟當年劉邦指漢為水德，張蒼立馬附議的故事真是同出一脈的師兄弟。

後趙日子並不長久，攤上一個超級變態的石虎為君，很快就陷入宮廷鬥爭之中，先被冉閔把石氏皇族殺得七七八八，然後末代皇帝石祇起兵討伐不成，被自己的部將害死，水德的後趙就此完蛋。

這個時候，黃河流域並立著三家主要勢力，一是冉閔開創的冉魏，二是氐族苻氏，三是鮮卑族慕容氏。四川本來在劉淵時期還有一個李特、李雄的成漢政權，不過他們沒「德」過什麼東西，後來被東晉權臣桓溫給滅了，不提也罷。

西元三五二年，鮮卑將領慕容恪滅掉了冉魏，燕主慕容儁覺得自己太了不起了，於是稱帝，建立燕國，史稱前燕。

既然稱帝，就得找找自己的德性是什麼。別看前燕自家是鮮卑族政權，可還真瞧不起其他少數民族，很多大臣都覺得這前趙、後趙的都是少數民族，不能算在五德循環之內。

當年張蒼把秦朝踢開，讓漢朝直接剋了周的德性，定為水德，後來劉歆也把秦朝踢開，讓漢朝直接從周的德性裡生出來，定為火德，前燕大臣們也打算如法炮製。於是他們研究來研究去，最後決定讓前燕直接繼承晉朝的正統，晉為金德，那麼前燕該是水德——轉了一圈，還是抄襲前、後趙那一套，這怎麼能服人呢？反對的聲音是一浪更比一浪高。

讀書人囉囉唆唆的，而且都很頑固，商量了很長時間也沒個準。慕容儁本人學問不高，搞不明白，於是就從龍城召來了一個明白人韓恒拿主意。韓恒字景山，博覽經書，也算是當時的大儒了，他老實不客氣地就推翻了水德，說：「前、後兩家趙國占據中原，那不是他們力量強大，而是上天所授予的。上天授予他們德性，如今卻被人為地加以剝奪，肯定不合適。我琢磨著吧，我們大燕是在東方發跡的，按八卦來說就是震卦的方位，而四象是東青龍、西白虎、南朱雀、北玄武，所以震方又是青龍——正巧，大燕正位後不久，就有青龍出現在都城。青色乃是木德之色，所以大燕該是木德。」

其他人一琢磨，覺得他說得也有道理，而且後趙是水德，五行相生水生木，燕即木德也不吃虧。

最初慕容儁不太樂意，大概是嫌這個木德不如水德好聽，後來群臣紛紛表示贊同，慕容儁知道自己水準不高，不好跟那票學問人對著幹，也就只好下詔公告。從此前燕就確定下來是木德了，尚青色。

——大家終於跳出爭搶水德的這個怪圈了。

❶音同「胭脂」，為匈奴人之妻或妾，匈奴實行一夫多妻制。

❷中國古代官名，空為工的通假字。

❸出自《孟子・梁惠天下》，指軍隊受到人民歡迎，受到慰勞犒賞。

鏈子斷掉了

不搞五德學說、禁止迷信的前秦，正式斬斷五德遊戲的鎖鏈。

五德學說從秦代到前燕為止——不管是中原漢人政權，還是內遷的少數民族政權——一直都被各家皇室所迷信，雖然其間頗有種種爭議產生，但從漢至前燕（秦朝可悲地被拋棄了），五德循環，貫徹始終，都有本可據，有案可查。可是接下去的前秦，這一條鏈子卻意外地中斷了。前秦定過德性嗎？究竟是什麼德？沒人真能搞得清楚。

這個前秦本是氐族建立的政權，開國君主名叫苻洪，劉曜改國號為趙以後，封他做了氐王，石勒滅前趙，苻洪就名義上歸順了石勒。

西元三四九年，暴君石虎駕崩，後趙大亂，苻洪乾脆脫離後趙管轄，自稱大都督、大將軍、大單于、三秦王。苻洪死後，苻健繼位，趁著冉閔正殺石家人呢，苻健領兵攻進了長安城，自稱天王、大單于，建號大秦——史稱前秦。

苻健以後，完蛋，帝位落到了他兒子苻生手裡，若論貪殘暴虐，這傢伙跟石虎有得一拚，可是論文韜武略，這傢伙卻比二把刀的石虎都要差出十里❶地去，前秦要是讓他治理到死，結果不會比後趙強太多。好在苻生欺負人欺負得實在太過分，連老實人都看不下去了，他的堂弟苻堅悍然發動宮廷政變，取了他的狗命，自己登上天王寶座。

本來風雨飄搖的前秦，苻堅一上臺就瞬間改觀，這位「大秦天王」對內修政安民，對外整軍經武，短短數年間就滅掉了前燕、前涼、代國，幾乎統一北方，一時間極有霸王氣象。按說這時候的前秦，比前面幾個短命王朝勢力都強，疆域都廣，而且苻天王有學問，興儒學，早就該有人站出來商量德性歸屬了，可是偏就這麼怪，有關前秦的德性，任何史書上都沒有提到過，苻堅本人貌似也從來沒有表過態。

有一種說法認為，苻堅並不迷信，所以他對這類學說是持反對態度的，在他執政期間，老莊之學、讖緯之學，都被嚴令禁止，所以「五德」自然也在禁止之列。不過這種說法並不正確，因為苻堅雖然禁那些玩意，但這是出於宰相王猛的授意，他本人未必有那麼明智。

王猛字景略，本來是個漢族窮書生，說有本事吧，他是真有本事，說沒地位吧，他也真沒地位。西元三五四年那時候，中原是亂成了一鍋粥，東晉權臣桓溫趁機領兵北伐，屢敗前秦軍（此時苻堅的伯父苻健在位），一直殺到灞上，逼近了長安。王猛就跑去拜見桓溫，據說他一邊抓身上的蝨子一邊縱論天下大勢，那麼氣勢如虹的桓溫竟然聽入了迷，沒有嫌他髒。可是等到桓溫邀請王猛跟自己南下的時候，王猛卻不幹了，他心想你要能在中原站穩腳跟，我當然可以輔佐你，可你要是回南邊去，南邊都是豪門世家當權，我一個貧寒的窮書生根本出不了頭，去幹嘛啊？

所以王猛就留在了北邊，後來輔佐苻堅，苻堅一會把他稱作是自己的諸葛亮，一會兒又誇他是子產、管仲一類的賢人，那真是信任得不得了。後來王猛做到前秦朝的宰相，總攬朝綱，有個叫樊世的氐族元老看不順眼，就罵他道：「我們跟著先帝出生入死，都不能參與機要，你沒有微薄之勞，有什麼資格管理朝政？難道說我們種好了莊稼，你倒跑來收糧食嗎？」王猛冷笑一聲，回覆道：「不光是你種我收，我還要你們做熟了米飯端到我手上來呢。」氣得樊世當場捋袖子就要揍王猛，結果苻堅聽說了這件事，反倒找個藉口把樊世給宰了。

苻堅信任王猛，王猛倒也不負所托，前秦的快速崛起，功勞有一大半都要歸之於王猛，而且王猛還在西元三七〇年領兵攻入鄴城，滅掉了前燕——他不但能治國，還能打仗。

話題扯遠了，且說王猛活著的時候，苻堅基本上對他是言聽計從，所以說，王猛不喜歡五德之類的迷信，苻堅當然也就不會搞——可這並不代表苻堅骨子裡沒有迷信和迷糊的素質。

舉例來說，新平人王雕有一次給苻堅獻了符讖，王猛說這小子妖言惑眾，砍了吧，苻堅一向是王猛說什麼他就做什麼，所以當即下旨，處死王雕。可是王雕臨刑前上了一篇文章，在文章裡引經據典逢迎拍馬，把苻堅給拍暈了，但礙於王猛在旁邊，苻堅也不好再說什麼。

結果等王猛一死，苻堅就立刻追授王雕為光祿大夫了。後來苻堅臨死前，姚萇問他要玉璽，他瞪著眼睛怒罵道：「你一個小羌崽子也敢逼我，你算什麼東西！根本連一點圖緯符命❷的憑據都沒有，還想要玉璽登基？」說明他內心還是信這套的。

還有一種說法，是前秦應為木德，因為苻氏最早的時候是姓蒲，後來苻洪聽過一句讖言「草付應王」，恰好他孫子苻堅背後還生著胎記，瞧上去正像「草付」二字，於是改姓為苻。草屬木，那麼由此推之，前秦該算是木德。這個說法得到了後秦開國君主姚萇的支持，所以他殺了苻堅搶了玉璽以後，就自說自話說自己以火德取代了木德。

還有第三種說法，出自北魏，說前秦繼承前燕正統，以木生火，應該是火德才對——可是當時北方各國並立，前燕怎麼就算成正統了呢？沒有人知道。

這三種說法要麼是沒有靠譜的史料支持，要麼是跟新舊兩種五德循環的理論都不符合，而苻堅本人又不可能從墳裡爬出來做說明，所以直到今天還是一筆糊塗賬。以我個人的看法，有可能苻堅確實信那些讖緯之說，但是倚為左膀右臂的王猛攔著不讓搞，於是他也就沒推算五德之類的花樣，而以他對王猛的信任程度，就算後者死了，這一政策應該也不會輕易更改。等到淝水之戰以後，前秦崩潰，苻堅也根本沒時間玩五德遊戲了，所以當時壓根兒就沒有官方認定的德性。

鏈子到這肯定是斷掉了，要接也是後人硬接上的。

❶ 中國古代史用的長度計量單位，一里＝五百公尺，十里＝五千公尺＝五公里。

❷ 圖緯和讖錄均為占驗符命之書。

跑龍套的也有德性

十六國前三名暴君王，竟自稱大禹之後，立夏朝、定金德！

前秦統一黃河流域，速度太快了，很多地方勢力還來不及消化，再加上苻堅也是個心比天高的傢伙，心想你們這些少數民族光知道殺來殺去的，本天王可是個要繼承中國正統的文化人，所以他決定，一個敵人都不殺，要以德服人，要達成百族共榮的新局面。

苻堅的想法挺高尚，然而理想很豐滿，現實很骨感。西元三八三年，他打算親自領兵去討伐東晉，大臣們紛紛勸阻，說東晉有長江天險，易守難攻。苻堅冷笑一聲道：「我有百萬大軍，一人扔一條馬鞭，就足以把長江給填平了，有什麼可怕的？！」百萬當然是誇張啦，可是按照史書上的記載，調集全國兵馬，也有空前的九十來萬，要說這九十來萬人一擁而上，就算扔馬鞭填不平長江，堆屍體也能造浮橋了。

可問題是九十萬大軍沒能一起擁上前線，這邊苻堅領兵已經跟晉軍接上仗了，那邊後軍還沒離開長安呢。這樣打仗，就是徹底的大笑話，人數再多也無濟於事，再加上第一能打仗的王猛早就死了，第二能打仗的苻融（苻堅的弟弟）竟然一個不小心馬倒被殺，結果在淝水邊上，晉軍八萬人就把苻堅打得狼狽逃竄。

吃一個敗仗是小事，可是這麼一來，原本籠罩在「大秦天王」頭上那戰無不勝的光輝就徹底消散了，於是全國各地的蒼蠅、跳蚤什麼的全都冒出頭來，跟推骨牌一樣，前秦瞬間崩盤。要是以此推論，前秦倒有點像是火德，碰到淝「水」，這火立刻就給澆熄了——當年劉秀把洛陽改名雒陽，看起來還是有點道理的，地名和王朝之間可能真有生剋。

且說苻堅在淝水慘敗以後，各族野心家紛紛崛起，中原大地立時就冒出了無數割據勢力，個頭比較大的有後秦、西燕、後燕，後來又冒出來胡夏、北燕、南燕、後涼、北涼、南涼、西秦等一大票國家。

先說後秦，國主姚萇是個羌人，他是在苻堅登基前不久，因為戰敗而歸降的，所以說，他對前秦有國仇家恨，但對苻堅本人不該有什麼私怨。可是苻堅前腳在淝水戰敗，他後腳就豎起了反旗，自稱「萬年秦王」。西元三八五年，西燕軍攻破長安，苻堅出逃，路上被姚家軍逮著了，姚萇立刻露出猙獰嘴臉，開口就索要玉璽。

前面說了，苻堅是破口大罵，還說道：「五胡按次序也輪不到你們小小的羌族，玉璽我已經派人送到晉國去了，你絕對拿不著啦！」姚萇說：「您都落到這般田地了，還嘴硬哪？好吧，玉璽我不要了，您下道詔書，禪位給我，如何？」苻堅繼續堅持，說道：「禪讓和國統輪替，那是聖賢才能做的事情，你這個叛賊，怎敢自比古代的堯舜！」姚萇惱羞成怒，乾脆把苻堅給勒死了。

姚萇為了掩飾自己的罪行，還特意給苻堅上了個諡號，叫「壯烈天王」——天可憐見的，他原本倒是不想「壯烈」呢，是你硬要逼他「壯烈」的呀。

不久之後，姚萇打敗西燕軍，攻入長安城，於是正式稱帝，國號仍然叫「秦」，史稱後秦。前面已經說過了，他自說自話地說自家是火德，以繼承苻氏前秦的木德，至於前秦究竟是不是木德，對姚萇來說，這事真的重要嗎？

至於後燕、西燕，史書上也沒有提他們的德性，但想來他們都自稱是前燕的繼承者，所以應該接著耍「木德」。其他幾個小國都是路人甲、路人乙，跑龍套的角色，他們究竟是什麼德，就不必提了。不過有一國不能不說，那就是胡夏國。

胡夏國的創始人名叫赫連勃勃，是匈奴人，他本是後秦的將領，後來插杆子自己鬧起了獨立。赫連勃勃長得挺有氣度，可他所做的事情卻跟野蠻人差不多。據說赫連勃勃修建首都統萬城的時候，要求城牆堅固，每修一段城牆就派兵拿著長矛去捅，捅得進去就殺建築工人，捅不進去就殺去捅的士兵，反正總得死一個，比現在很多施工隊的老闆還黑。其他的殘暴事蹟，包括站在城頭上看誰不順眼當場斬殺之類，更是不勝枚舉。總而言之，在十六國時期的暴君裡面，赫連勃勃穩穩能排進前三名。

可是讓人發昏的是，就這麼一野蠻人，卻大搖大擺地自稱是中原正統。什麼正統呢？匈奴貴族大多跟劉淵一樣被漢朝賜了劉姓，赫連勃勃原本就叫劉勃勃，後來才恢復了舊姓赫連。不過，劉淵冒充漢室宗親已經露了餡，這條路再也走不通了嘛。赫連勃勃這個頭大呀，也不知道是哪個閒人幫他翻書，終於在《史記》裡找到一句話：「匈奴，其先祖夏后氏之苗裔也。」馬上跑去稟報。赫連勃勃大喜過望，立刻宣稱，沒錯，老子就是大禹之後，夏朝的正根，所以國號還該叫「夏」。

按照劉歆的新五德學說，這個後來被稱為「胡夏」的政權跟前面的夏朝一樣，都應該定德性為金德，也要在華夏正朔的五德循環裡占那麼一席之地。

胡夏鳳翔六年（西元四一八年）十月，赫連勃勃擊敗了劉義真統率的東晉軍，攻陷長安城。他得意之餘，就在統萬城的南邊刻石頌德，石碑上寫道：「我皇祖大禹以至聖之姿……網漏殷氏，用使金暉絕於中天……於赫靈祚……金精南邁……」大致意思就是說：老子是大禹後裔，自從殷商以來金德就始終混得不太好，一直到我，這才算是金德復興了云云。

可是金德怎麼就能復興呢？他上面接的究竟是哪種德性呢？是生是剋呢？具體赫連勃勃怎麼推演的已經不可考了，我估計可能是因為他跟後秦之間頗有淵源——後秦屬木德，按五行相勝系統的演算法，金剋木，這就對得上榫了。唯一的問題是，後秦是人家東晉滅的……算了，我幹嘛要給他找理由算正統？反正他這個金德來路不明，事實上也沒幾個人承認。

胡夏國只有短短的二十五年就完蛋了，而且疆域最廣的時候也不過才占據了今天陝西、寧夏兩個地方，再加上甘肅和內蒙古的一部分，在浩瀚的歷史長河中，也純粹就一個跑龍套的——連跑龍套的都有德性，真是沒道理啊……。

就這樣，十六國（事實上不止十六個，這只是習慣性叫法）旋起旋滅，在中原地區鬧騰了很久，最後終於被鮮卑族的北魏統一，北方這才算暫時穩定下來。北魏跟那些短命小王國不同，算是個擁有半個中國並長達一百來年的大朝代，它是什麼德性容後再說，還是先回過頭來講講南邊的邪事吧。

典故

堅至五將山，姚萇遣將軍吳忠圍之。堅眾奔散，獨侍御十數人而已。神色自若，坐而待之，召宰人進食。俄而忠至，執堅以歸新平，幽之於別室。萇求傳國璽於堅曰：「萇次膺符曆，可以為惠。」堅瞋目叱之曰：「小羌乃敢干逼天子，豈以傳國璽授汝羌也，圖緯符命，何所依據？五胡次序，無汝羌名。違天不祥，其能久乎！璽已送晉，不可得也。」萇又遣尹緯說堅，求為堯舜禪代之事。堅責緯曰：「禪代者，聖賢之事。姚萇叛賊，奈何擬之古人！」堅既不許萇以禪代，罵而求死，萇乃縊堅於新平佛寺中，時年四十八。

——《晉書・苻堅載記》節選

德性和「親情」

一家人談什麼五行生剋！歷史上第一對真正連續同德的朝代。

西晉滅亡以後，南方的形勢就要比北邊簡單清楚多了。且說當西晉末代皇帝司馬鄴被劉曜拿下的時候，正巧皇室裡有個叫司馬睿的傢伙在長江以南的建業待著。早先「八王之亂」造成「永嘉南渡」，大群的中原士人逃到長江以南去避難，人心惶惶，群龍無首，大家瞧著司馬家也剩不下什麼好棗了，於是就劣棗中挑一個堪用的，擁戴司馬睿登基，延續皇統——史稱東晉，司馬睿就是晉元帝。

東晉的局勢比起西晉來，貌似要穩定多了，長江橫在那裡就是天然的馬奇諾防線❶，只要北方五胡諸國裡沒出古德里安❷或曼施坦因❸，這個偏安江南的朝廷就能一直平安無事，混吃等死。

雖然東晉也組織過幾次北伐，可都被少數民族兄弟們給敲了回來，於是只好乖乖地趴在江南養活那一大窩名士。北方諸國中只有苻堅認認真真地以滅國為目的南征了一回，可惜淝水之戰客場慘敗，讓東晉躲過了這一場大劫。這件事經常被江南名士拿來吹牛，說自己才是正統，瞧見淝水的大勝了嗎？有老天爺保佑著哪。

所謂東晉、西晉，其實是後世學歷史的人為了考研劃重點方便而硬給分開的，當時人家江南可是堅定地認為只有一個晉朝，甚至可以說，只有一個中國，北方那些少數民族怎能代表中國呢？既然只有一個晉朝，那德性自然就無須改動，於是東晉也是金德——同時期的北邊，什麼水德、木德、火德、金德掐得正歡，東晉從來置身局外，冷眼旁觀，嗤之以鼻，最多從牙縫裡蹦出三個字：「哼，偽朝！」

東晉對外戰爭不多，基本上防禦有可能打贏，出擊就是找死，跟當年的東吳一樣。所以權貴們的主要精力全都用在斂財、嗑藥或者內鬥上了。想那大名鼎鼎的桓溫倒是搞過一次勉強還算成功的北伐，王猛搖著尾巴地跑去獻計，留下一段「捫虱談天下」的佳話，可最終王猛還是跑去跟苻堅了。為什麼呢？因為王猛瞧出來了，桓溫根本就沒有收復中原的決心，他是琢磨著在前線打幾個勝仗好提高自己的威望，然後回去篡位哪。

有桓溫這種想法的傢伙並不算少，可是最終成功的只有（也只能有）一個，那就是劉裕。

劉裕，小名叫寄奴，這人是個不世出的軍事天才，在東晉服役的那些年裡屢建奇功，最遠曾經打下過長安城，後來又被「金德」小太陽赫連勃勃給攆出去了。這個人的身世很有意思，據他自己吹噓說是西漢楚元王劉交之後——如果這個譜系萬一是真的話，他倒是跟劉向、劉歆父子倆還有親戚關係呢。小時候，劉裕也是靠賣草鞋為生的，後來才投了軍，跟當年那位耳大招風的漢室宗親際遇也頗為相似。

西元四二〇年，這時候北魏正處於上升期，但還沒能統一北方，劉裕琢磨著自己名望差不多高了，實力差不多強了，就逼迫晉恭帝禪讓，自己建國稱帝。按說他跟漢朝皇室那麼有緣分，想篡位就該繼續打「復興漢室」的數百年老旗號才對呀。不過劉裕是個聰明人，他知道那時候距離漢朝滅亡時間太久了，漢朝的老劉家已經沒什麼號召力了，更何況有劉淵的前車之鑑在，算了，還是別裝了，換個國號吧。劉裕篡位前曾經被東晉封為宋公、宋王，順理成章，新王朝的國號就是宋。

既然換了國號，那麼德性自然也得要換。按照五行相生法，金生水，劉宋就應該是水德，尚黑。《宋書・祥瑞志》裡記載了這麼一檔事，說在東晉義熙十一年（西元四一五年）的時候，都城建康的西明門忽然塌陷，鬧了一場不大不小的水災。這當然不是豆腐渣工程的錯，西方屬金，西明門就是指金象之門，被水給毀了，恰好就是金德衰而水德旺的跡象。所以若讀《宋書》，經常可以看到皇帝老大戴著黑介幘（一種長耳朵的裹髮頭巾）晃來晃去，那就是服色尚黑的緣故。

說句題外話，歷朝歷代的服裝不停地演變，黑介幘變化到後來，就成了大家耳熟能詳的「烏紗帽」。

劉宋王朝存在了近六十年，後被大將蕭道成推翻，建立齊朝，史稱南齊。這個南齊的德性，用腳指頭都能猜得出來，蕭字是草字頭，屬木，再加上水生木，所以齊朝就應了木德了，服裝、旗幟、犧牲❹都尚青。

相關於此的祥瑞預兆還是一如既往地玄之又玄。據說蕭道成十七歲那年，曾經夢見過一條青龍追著西邊的落日飛翔，有方士解釋說那落日就是劉宋啊，而這青龍，自然就代表了他蕭道成。實在有點太假了，他要真十七歲的時候去跟方士打聽這個夢，而方士又這麼回答了，兩人都得被抓，說不定腦袋都跟著掉了。而要等蕭道成大權在握，我真不信他還能記得自己十七歲時做過的夢。

還有一個夢，是說蕭道成的兒子蕭賾十三歲那年，夢見穿著木屐在皇宮裡溜達，木屐當然是木頭做的，暗示他早晚會登基云云——果然他後來當了南齊的第二任皇帝。

這兩種說法真算是比較有創意的，看看上文，很多廢柴就只會比照著史書，編造說哪裡又看見一條黃龍、青龍、鳳凰、麒麟之類的，叫人讀了就想打瞌睡。再說了，真要有青龍出現，為什麼光你看見而別人都沒看見呢？蕭家這父子倆乾脆說自己在夢裡看見的，壓根兒不需要對證，都別再煩惱。

南齊傳了二十三年，最終「禪讓」給了南梁。那麼南梁是什麼德性呢？經過前面那麼多朝代的薰陶，大概大家都猜得出來，木生火，南梁一定是火德囉？哈哈哈，這你就猜錯啦！

南梁的開國皇帝——梁武帝蕭衍是一位「神人」，他的心性叫大家根本無從揣測，而這種無從揣測的心性也就直接造成了他曲折離奇的經歷。且說蕭衍本身也是南齊皇室宗親，他老爹就是蕭道成的同族兄弟，有這麼一層關係在，他就算踢開末代齊帝蕭寶融，自己繼承南齊的皇位，也基本上合理合法。不過這位老兄不幹，非要用自己王國的封號「梁」來做帝國的國號，明擺著想另立新朝，造個新氣象。立新朝倒還罷了，可是在商議德性的時候，蕭衍卻又搬出自己是齊朝皇族的身分，說大家都是一家人，談什麼五行生剋的就見外了，一家人不說兩家話，前朝什麼德我們也是什麼德吧！

於是乎，這五德學說第一次蒙上了「親情」的色彩，而齊、梁也成為中國歷史上第一對真正連續同德的朝代，秦、漢，或者前趙、後趙本來也是同德，但那是在不承認前者正統地位的前提下撞的車，所以不算。

梁武帝蕭衍統治前期，又勤政又節儉，把南方搞得大有起色，估計真這麼一直搞下去，有機會成就一次成功的北伐。可誰想到年歲逐漸增大，這位「神人」的神性，更準確來說是神經性，就直線竄升，也不知道怎麼回事，老頭子拋棄儒學，迷上佛教了。

一般皇帝崇佛，也就是多建寺廟，多捨錢財，最多供供佛骨、佛舍利，頂了天了。蕭衍可不一般，他建完寺廟以後不光捨錢財，連自己都給捨了，幾次三番地偷跑進廟裡去剃度，說要出家。皇帝去做和尚，這事沒有先例，實在太糟蹋皇家和朝廷的臉面了，不過這還是小事，要命的是，這位皇帝沒先把皇位傳給兒子、把工作交代清楚，就藉著出家的名義公然曠工。大臣們也不敢開除他，只好跑廟裡去勸，勸來勸去，皇帝說了：「這和尚要還俗，得給寺廟捐財物來贖身哪。」於是大開國庫，花大筆錢財把皇帝給贖出來——不用說，「皇帝和尚」天下唯此一人，贖身費當然便宜不了。

蕭衍偷跑去當和尚，再被用巨額金錢贖身，那不是只玩一回，而是連續好幾回。他這麼一搞，直接導致國庫空虛、朝綱紊亂，結果被從北邊走投無路跑來投誠的侯景掀起大亂，最後把蕭衍囚禁在台城之中。因為蕭衍罵了侯景幾句，侯景心裡不忿，就下令裁減這囚徒的飲食，最後蕭衍因為嘴裡發苦，討要蜂蜜要不來，活活給餓死了——跟那位袁術袁老二死得一樣難看。

可是民間也有傳言，說這位老皇帝給關在台城裡雖然沒吃的，但他練就了辟穀❺的神術，根本就餓不著。怎麼，你說他餓死了？不對不對，他是修煉到家，羽化升天啦——說他是「神人」，真是一點都沒有說錯。

蕭衍餓死以後，南梁又苟延殘喘了不到十年，就被大將陳霸先給篡了位。這位陳霸先是個老實人，梁是木德，木生火，那麼陳朝自然就是火德，整個過程中規中矩，乏善可陳。一方面是因為沒什麼可爭議的，另一方面，也說明南朝對五德之說開始疲乏，不怎麼重視了。

---

❶位於法國東部，號稱無法突破的防線，主要由堡壘、障礙及武裝所組成，防線主體有數百公里，因造價昂貴，僅設於法德邊境。

❷海因茨・威廉・古德里安（Heinz Wilhelm Guderian），二戰著名德國陸軍將領，以成功的戰略攻入法國境內。

❸埃里希・馮・曼施坦因（Erich von Manstein），二戰納粹德國國防軍最知名的指揮官，以「鐮刀切割」一計成功攻下馬奇諾防線的指揮官。

❹中國古時宗廟祭祀用的牲畜。

❺意為「吸食空氣」。

忽略了近一百八十年

北魏最愛討論不解決，一個德性論五個月，總算加入五德遊戲。

說完南朝，轉過頭來再說北朝，首先是北魏。

北魏是由鮮卑拓跋氏族建立的王朝，鮮卑族的文化當然比不上漢文化，而就算在鮮卑族裡面，拓跋氏原本也是最落後、最野蠻的，跟建立過前後燕的慕容氏根本沒法比。五胡亂華的時候，拓跋族也南遷中原，想要分一杯羹，在山西北部建立起代國來，後來被苻堅所滅。等到前秦崩潰，拓跋族的首領拓跋珪就趁機復國，不久後又改國號為「魏」，史稱北魏。

雖然文化特別落後，生產方式和組織結構都極原始，但當北魏逐漸發展起來以後，卻號稱自己也有中原人的血統，來頭非常之大——我們祖宗也是黃帝咧！據說黃帝有個兒子名叫昌意，被封到了北方的大鮮卑山，就是拓跋氏的先祖。

漢人總覺得全世界民族全都是一家，只不過我這支過得比你們好點而已。就像前面說過，司馬遷在《史記》裡就堂而皇之地記載著：「匈奴，其先祖夏后氏之苗裔也。」原本的用意，是把自己傳說中的老祖宗黃帝哄抬成全人類初祖，誰知道反倒被少數民族給反過來用了——哦，既然五百年前是一家嘛，那我繼承兄弟的產業，也是理所當然之事啦。

總之，北魏拓跋氏自稱是黃帝的後裔，不論鄒老教授的舊五德學說，還是劉向、劉歆父子倆的新五德學說，德性世系裡面黃帝都屬後土之德。拓跋氏因此「考據」出，北方俗語裡「土」字念「拓」，「後」字念「跋」，瞧吧，這就是我們的起源，有根有據有說法——其想像力真可謂歷代王朝之翹楚。

既然他們是黃帝之後，那什麼祥瑞、符讖的就都可以省了。拓跋珪改國號稱皇帝的時候，就依照這個說法，上應土德，服色尚黃，祭祀用白牲口，乾脆俐落。嘖嘖，看人家北魏多氣派，別的朝代都是參考著前朝的德性來確定自己的德性，比如漢是火，魏就是土，宋是水，齊就是木，只有北魏皇皇大氣，不跟那些小傢伙蝸角相爭，直接從黃帝開始論輩分，血統純正……當然啦，這是官方的說法，事實上拓跋氏在建立北魏之前連一個帶「德」的勢力都沒消滅過，所以才無牛可吹，無德可替，只能走祖宗路線——跟赫連勃勃有得一拚。所以說，這北魏的「土德」就跟孫猴子一樣是石頭裡憑空蹦出來的，壓根沒法兒排進五德生剋的循環裡面去。

西元四九〇年，在漢人看來是一代明君而在鮮卑人看來是不肖孽子的孝文帝拓跋宏開始親政了。這時候北魏已經差不多統一了黃河流域，控制了大片漢人的土地，當然不能再忽視漢人的文化，好幾代君主都識漢字、讀漢書，而以這個拓跋宏最為崇漢，因而他逐漸察覺到本朝的「土德」實在是來路不正，跟歷朝歷代流傳下來的順序都接不上，根本沒法兒矇人。

於是拓跋宏就下詔讓群臣討論一下，看看能不能換個更合適的德性，或者找出個更靠譜一點的解釋來。

詔書一下，可不得了，立馬驚起了全國無數讀聖賢書的閒人。要知道，這北魏群臣多是些機關幹部，最喜歡開會，解決問題與否倒還在其次，最重要的是能過過嘴癮。

當年北魏歷代皇帝都想遷都洛陽，這些大臣就嘁嘁喳喳聊了半天也沒個定論，只好暫且擱置。前兩年拓跋宏因為多嘴，問祭祀太廟該用「禘」字還是「祫」字來形容，就引得大臣們興高采烈地又發文又回文，折騰好久也沒結論，最後拓跋宏只好行使最高管理員許可權，鎖文了事。現在既然皇帝開了新話題，大家豈能放過，於是紛紛引經據典，引發了一場超級大辯論。

最先站出來的是中書令高閭，他是個書生，文青出身，又有學問又有激情。高閭說五德之說本自漢代開始，一共有三種說法，張蒼認為是水德，賈誼、公孫臣認為是土德，劉向認為是火德。水德從邏輯上說不通，而土德則是把秦朝當成正統，都不足取，所以漢的火德應該是直接取代周的木德，這才合乎天理。以後魏土德代漢火德，晉金德代魏土德，後趙水德代了晉金德，前燕木德代了趙水德，前秦火德代了燕木德，一朝朝傳承明確。前秦雖然不是北魏滅的，但它滅亡的時候恰好北魏建基稱帝，所以北魏就應當接替前秦的正朔，火生土，還得是土德。

聽到他這麼一扯，旁邊立刻跳出兩個人來，一個是秘書丞李彪，一個是著作郎崔光，他們都是拓跋宏身邊的重臣，掌握著修史的大權，嗓門自然比別人大些。這兩位覺得，你高閭懂什麼？老爺我是專門修史的，這方面我們才是行家。

大魏當年「神元皇帝」拓跋力微跟晉武帝司馬炎是好哥們；後來劉聰、石勒肆虐的時候，本朝兩位皇帝還幫過晉朝的忙，晉朝一直感恩不盡；再後來太祖道武皇帝拓跋珪滅掉了後燕，這才有了大魏天下。

所以說了，無論趙、秦、燕全都是些篡僭之輩，是偽政權，不能算在五德循環裡面。魏有恩於晉，而晉朝滅亡的時候，正好又是平文皇帝興旺的時候，那麼繼承晉朝金德的理應是我大魏，應水德之象。再說了，晉朝滅亡後的七十幾年裡本朝服色一直都是黑色的，這難道不是天意嗎？這必然就是天意呀！

這一大套歪理，真是誰聽誰暈，還是簡而言之吧，這兩位的意見是把北魏上推到代國，再從代國上推到全族還在東北原始秘林裡放牧的時代，把傳說中的初祖拓跋力微拿出來說事。拓跋力微的時代，拓跋族剛剛走出東北秘林，邁上了蒙古草原，當時曹魏、西晉先後竄起，遙控草原，所以拓跋力微向這兩朝都稱過臣，都幫過忙，也都打過仗。既然那時候就跟中原王朝有淵源，兩位就認定北魏應當繼承西晉的正朔，把中間那些朝代全都忽略。

——他們可真強，上嘴唇一磕下嘴唇，直接忽略掉了近一百八十年，連奧運會都能舉辦四十六屆了。這瞎扯的功力，就連張蒼老先生復活都得甘拜下風，慚愧得一身冷汗吧。

高閭和李彪、崔光，兩派各執一詞，嘰嘰喳喳地吵啊鬧啊，皇帝拓跋宏聽得是頭昏腦脹，也不知道該傾向哪一方為好，末了他只好擺擺手，縮著脖子說讓大臣們都商量一下吧。誰想這一下更糟，大家吵得更歡了，從西元四九〇年八月一直討論到了來年正月，足足五個多月，官僚作風實在不輸於後世宋代那群吵「濮議」❶的大臣們。

這回拓跋宏沒有鎖文，於是討論時間再長，也終於還是出了結果。最終，那一票貧嘴廢話的大臣們聯名上了一份奏表，說經過組織仔細研究，我們覺得還是李老師、崔老師說得有道理，大魏應該定為水德，以承接晉朝的金德。拓跋宏被他們鬧得沒脾氣了，下旨說你們覺得是什麼就什麼吧。於是從這一年起，太和十五年（西元四九一年），北魏不再是土德，而改為水德，服色尚黑，總算是勉勉強強摻和進五德循環的次序裡去了。

自那以後，北魏孝文帝拓跋宏算是見識到了那群傢伙和稀泥的能力，所以等到兩年以後他想遷都的時候，就再也不敢搞什麼民主討論了。他先拉著一群老少爺們說，今天南征啊，大家跟著我走。等到了洛陽以後全都走不動了，拓跋宏才說，既然大家都走到這了，索性別回去了，就定都這裡得了。事實既成，群臣沒辦法，只好抹抹熱汗答應下來——你不答應，行啊，那你自己繼續南征去。

從此北魏定都洛陽，進一步漢化，逐漸走向強國之路。這幸虧是先斬後奏，要是拓跋宏再按老辦法讓大臣們開會商量，恐怕歷史就得改寫。

❶宋英宗時代，大臣們針對皇帝生父濮安懿王趙允讓尊禮發起一系列的討論，引發一系列政治事件。

色彩斑斕的北周

一朝一色，習為定制，北周卻是五德五色俱全，不按牌理出牌！

北魏孝文帝拓跋宏遷都洛陽以後三十四年，西元五二八年，契胡酋長爾朱榮進入洛陽，殺了胡太后和皇帝元釗，另立了元子攸為帝（那時候拓跋氏已經全面漢化，就連姓氏也改成了漢姓「元」）。西元五三○年，元子攸親手殺了爾朱榮，爾朱榮的侄子爾朱兆又殺了元子攸，另立元曄為帝。隨即占據冀州的大軍閥高歡發兵殺掉元恭，擊敗爾朱兆，再立元脩[1]為帝。

西元五三四年，元脩跟高歡有了矛盾，就逃到關中，依附另外一個地方實力派人物宇文泰。高歡沒奈何，新立元善見為帝，遷都鄴城。一年以後，元脩被殺，宇文泰找了另一個皇室成員元寶炬當皇帝。於是經過這麼一番亂七八糟的瞎折騰，北魏同時出現了兩個皇帝，按照史書上的習慣說法，就此分裂成高歡執政的東魏和宇文泰操控的西魏。

別管這魏是東是西，畢竟都是魏，所以兩魏名義上全部都是水德。可惜好景不長，西元五五〇年，高歡的兒子高洋廢了元善見，建立北齊；七年之後，宇文泰的侄子宇文護也廢掉了魏恭帝元廓，擁戴堂弟宇文覺建立北周。於是繼續中原分裂，形成周、齊對峙的局面。

如此一來，讓很多王朝都頭疼的問題就又浮上了水面。魏只有一個，德也只有一個，如今一分為二，這該怎麼算呢？這高洋、宇文護都是官二代出身，都有著天下英雄捨我其誰的氣概，覺得自家才是正統，於是彼此都不理睬對方，自己埋頭定自己的德。

北齊首先宣稱自己承魏水德，應木德，尚青，但奇怪的是他們所得的祥物預兆卻是「京師獲赤雀，獻於南郊」——赤雀赤雀，分明是紅色的，該應火德嘛。

可是跟北周相比，北齊已經算正常了。北周也自稱為木德，但這個「木德」應得非常古怪，木德尚青，而北周的服色卻仍然尚黑，是水德之色；他們又宣布實行古代夏朝的曆法，而夏朝分明是金德；更離譜的是，宇文家自己公布的族譜裡，最早的祖先是炎帝神農氏，而炎帝卻該是火德……這就完全徹底亂了套。本來一朝一色，習為定制，即便曹叡也不過才搞了兩個顏色而已，到了宇文家就成了五顏六色的萬花筒，除了黃土以外，四德俱全，倒也算得上是另類的行為藝術。

詭異雖然詭異，這色彩斑斕的北周卻真的成就了一番霸業，在西元五七七年滅掉了北齊，統一北方，想來是上天也被這不按規矩出牌的宇文一族給氣糊塗了吧。

北周第四代皇帝——周宣帝宇文贇❷是個奇葩，除了壽命以外，簡直可以跟南邊的蕭衍相互輝映，爭奪「最不靠譜皇帝」的獎盃。他繼位的時候才剛二十歲，可當了一年皇帝就煩了，把寶座禪讓給才七歲的兒子宇文衍，自稱「天元皇帝」，躲在後宮裡繼續執政，好歹省了上朝的麻煩。

宇文贇的皇后名叫楊麗華，她的老爹楊老先生就是日後開創一代「盛世」的隋文帝楊堅。

隋文帝這皇帝寶座來得很離奇，也很危險。首先，宇文贇是個既好色又暴躁的小子，他一躲進後宮，就連著把四個寵妃全都封成皇后，跟正牌的楊皇后平起平坐。四個新老婆爭寵奪勢，全都把矛頭指向楊皇后，搞得宇文贇直接跟老丈人楊堅放狠話道：「我遲早要殺你全家！」

楊堅嚇得小心肝撲通撲通地跳，就想找機會閃人，離開京城長安到地方上療養去。可是還沒等他動身，宇文贇就在「只要功夫深，鐵杵磨成針」的後宮生活中活活累死了，於是大臣們推舉楊堅輔政——開玩笑，這才是正牌皇后的正牌老爹，小皇帝的正牌祖父，那四個新皇后跟他們娘家人都算什麼啊，誰知道哪蹦出來的！

接下來發生的事情，就算沒聽過這段歷史的朋友們也都能想得出來。

楊堅一上臺，立刻搞了場大清洗，包括宇文家的藩王們，也包括反對他的大臣們，全都連鍋端❸。然後到了西元五八一年，他逼迫小外孫禪讓，自己登上皇位——即將完成大一統的隋朝，就這麼誕生了。

亂世中的德性，終於畫上了一個休止符。

❶即元修，魏孝武帝，兩種名字說法均有。
❷贇字音同「暈」。
❸比喻全部除掉或拿走。

第4章

從隋到宋

經歷魏晉南北朝，
一分為二的五德循環終於在隋朝得以合併，
此後（除了五代十國），
終於能穩穩地針對正統專心論德！

兩條鏈子終於合併

南北朝走到最後竟撞了火德，看誰燒得旺，成功合併兩條分支。

隋文帝楊堅是個很迷信的傢伙——其實搜尋一下歷朝歷代的皇帝，不迷信的鳳毛麟角。要證明自己的皇位不是昧著良心搶來的，而是上天利用種種機會授予的，皇帝就不可能不信那些讖緯、德性之類的胡說八道。

舉個例子，楊堅的老爹叫楊忠，本來是西魏十二大將軍之一，後來幫助宇文家篡了西魏，就被封為隨國公。等到楊忠去世，楊堅就襲了老爹的爵位，也做隨國公，宇文贇死後他掌控朝政，就逼迫外孫小皇帝加封自己為隨王。

你瞧，問題來了。劉邦當皇帝前是被項羽封了漢王，所以建立帝國，國號也就沿用這個「漢」字；曹丕原本是魏王，建立帝國沿用「魏」字；司馬炎本是晉王，建立帝國沿用「晉」字；劉裕本是宋王，建立帝國沿用「宋」字……按道理說，楊堅既然是從隨王爬到皇帝寶座上去的，那他所開創的朝代就應該是「隨朝」啊，怎麼就變成「隋朝」了呢？

這就跟迷信扯上關係了，楊堅打算稱帝，定國號，就琢磨著這個「隨」字不好，不吉利。一種說法，「隨」有走之旁，他怕隨著隨著，帝王之氣就給隨走了；另一種說法，「隨」的意思是跟隨，楊堅想，老子我要開創一個無比輝煌的新王朝，怎麼能跟隨舊時代的腳步走呢？於是乎，他翻查古書，發現隨、隋二字通假，而這「隋」字瞧上去就顯得那麼喜慶，就它吧，定名為大隋！

所以說，楊堅既然這麼迷信，他是不可能拋棄延續了那麼多年的五德學說的，五德的歷史繼續翻開新的一頁。

隋朝接替的是北周，北周的德性如前所述，搞得亂七八糟的，楊堅索性快刀斬亂麻，只認準了「木德」，別的一概忽略。按照五德相生的理論，木生火，隋朝又該是火德了。

據說早年就有人獻過符讖，「言赤帝降精，感應而生隋也。故隋以火德為赤帝天子。」甚至在楊堅收到禪讓書的時候，也有人自稱恰好瞧見一隻朱雀降臨在宮殿屋頂上……反正都是老掉牙的祥瑞橋段，而且分明都是先上車後補票。前面說了，「隨」改「隋」就是楊堅靈機一動現想出來的，在此之前，哪會有什麼「感應而生隋」的說法呀，要有這說法，還用楊堅絞盡腦汁琢磨新國號嗎？

總之，符讖、祥瑞是造出來了，能夠「證明」果然是上天預告，隋應火德。接著一切順理成章，受禪、登基、宣布本朝德性為火德，朝會之服、旗幟、犧牲全都尚赤，完工。

有意思的是，這時候偏安江南的陳朝也自稱是火德。從西晉滅亡開始，南北兩邊演變出兩套彼此獨立的五德循環次序，而且都自認來路正統，對方是僭偽，於是北邊罵南邊是「島夷」❶，南邊罵北邊的是「索虜」❷，誰也瞧不起誰。

然而造化神工，經過這幾百年的輪迴，兩條線的終點站「陳」與「隋」，一南一北恰好又都是火德，巧合得令人拍案叫絕。而至於究竟誰才是真命的火德天子呢？那就得看哪家的火燒得更旺盛了吧。

隋文帝開皇八年（西元五八八年），楊堅派出五十一萬大軍南下伐陳，幾乎兵不血刃就兵臨陳都建康城下。整天只知道跟寵妃和寵臣們開文學派對、壓根兒不理國事的陳後主陳叔寶這才慌了神，把全部兵馬都拉到城外去跟敵人野戰。可是他忘記了一件重要的事情，那麼多兵，那麼多將，他忘記任命一位總司令了。

於是乎，陳軍互不統屬，互不配合，被隋軍一沖就徹底垮了。隋軍輕輕鬆鬆地殺進了建康城，殺入皇宮，可是左找找不到陳叔寶，右找找不到陳叔寶——城池給圍得像鐵桶一樣，難道那廢柴陳後主還有機會逃跑？一直找到天黑，才有人在景陽殿前面的井邊，似乎聽到有人說話。往井裡問了幾聲，沒人答應，於是隋兵就恐嚇道：「再不回答老子就扔石頭啦。」裡面這才傳出求饒聲。

隋兵往井裡放了根繩子，讓裡面的人抓住繩子，好拉出來。這一拉可了不得，竟然是陳叔寶和他兩個寵妃——張貴妃、孔貴嬪——三人躲一口井裡，也不怕擠出個好歹來。陳叔寶就這麼被俘虜了，陳朝就此完蛋。想想也是，井裡有水，陳朝的火德天子躲在井裡，那火還不給澆熄了嗎？還能有好下場嗎？

從此中國經過三百多年的大分裂終於恢復了統一，而五德循環的兩條分支在經歷了各式各樣令人眼花繚亂的變遷之後，也終於合二為一，重新併合到了一起。

可是且慢，隋朝雖然統一了，但這個統一王朝的壽命實在是太短啦，跟被張蒼、劉歆等人直接貶低成閏統而不是王朝的秦朝有得一拚。

且說隋文帝楊堅是個被西方人讚譽為「聖人可汗」的明君，在他統治下政府是肥到出油——什麼，你問老百姓？老百姓窮不窮關聖明天子什麼事？楊堅對待老百姓的態度，除了法律寬鬆一點以外，就跟秦始皇沒什麼不同。當初秦始皇濫用民力，大家都說，要是他那個性格寬厚的長子扶蘇可以繼位為君，或許還可能讓民力慢慢緩過來，秦朝不至於二世而亡。那麼隋朝呢？隋朝的下一個皇帝就是大名鼎鼎的隋煬帝楊廣。

自從五胡亂華以來，你方唱罷我登場，幾百個皇帝在中國大地上肆虐，這裡面有千古罕見的暴君，有千古罕見的昏君，偶爾也有幾個好一點的君主以及幾個奇葩。可把這些傢伙全疊起來，智商恐怕都比不上楊廣，暴、昏和奇葩幾方面也同樣比不上楊廣。

楊廣不但使老百姓更窮、更活不下去了，還把老爹辛辛苦苦才積攢起來的政府家底也給敗光了。他啟動了一系列大工程，其中包括大運河之類的，那真是澤被萬世啊，可那麼多大工程同時啟動又緊催著完成，其魄力就算秦始皇活過來都得瞠目結舌。結果隋朝統一後短短三十年就亡在了楊廣手上，楊廣的表哥李淵摘取了統一的果實。

據說（又是據說），在楊廣登基後不久，世間就流傳起了一則讖謠，說：「李氏當為天子。」有個叫安伽陀的方士稟報給楊廣，建議把全中國姓李的全部殺光，以絕後患。

楊廣倒是信了他的話，可是不能答應——開玩笑，現在「張王李趙遍地劉」，那時候李姓也是大姓，全中國沒一百萬也有五十萬，怎麼殺得過來？再者說了，朝堂上無數重臣姓李，要都殺了，楊廣這皇帝寶座還怎麼可能坐得穩？

不過有人從中看到了商機……不對，是進讒言的良機，那就是大奸臣、褒國公宇文述。宇文述向楊廣遞小話，說：「安伽陀所言有一定道理，我聽說郕國公李渾經常跟一票人關起門來開小會，一定是在商量什麼陰謀詭計。這個『李氏當為天子』，肯定是應在他頭上的。」楊廣這回「從善如流」，反正殺一個人簡單，於是當即把李渾下了大牢，並且交給宇文述去審理。

這不是把耗子扔給貓嘛，李渾哪可能還有好下場？宇文述很快就靠著逼供和誘供，得到了他希望得到的供狀，呈交給楊廣。楊廣還感激他哪，流著眼淚說道：「我大隋差點就完了，全靠親家公（宇文述的次子宇文士及是駙馬，娶了楊廣的女兒南陽公主為妻）你明察秋毫啊！」下令把李渾和他的同黨全部處死。

李渾是死了，可是姓李的人多了去了，等到天下大亂，烽煙四起，就到處都有姓李的要拿那則讖謠來說事——楊廣要是不殺李渾，哈哈一笑當讖謠是胡扯，估計也不會再有人想對讖謠加以利用，這可是真真正正的欲蓋彌彰了。

因此大業十年（西元六一四年）末，洛陽街頭就突然傳出了一則讖謠，說得更加詳細：「桃李子，得天下。皇后繞揚州，宛轉花園裡。勿浪語，誰道許！」有個叫李玄英的文化人就解釋說：「『桃』和『逃』諧音，是指逃亡的李家人將得到天下；第二句是說皇帝和皇后都將滯留揚州，難以返回中原；第三句說『勿浪語』，是扣一個『密』字。」

這解釋再清楚不過了，得天下的將是「李密」啊。要說當時還真有叫李密的人，並且名氣很大，他曾經是隋朝的蒲山郡公，後來輔佐楊玄感造楊廣的反，楊玄感失敗以後，到處逃亡，最終入了瓦崗寨，當了大頭領。估計那則讖謠就是李玄英本人造的，他自己編造自己注解，想證明李密才是真命天子，將要代隋而興。李密一開始倒是真不辜負他的期望，各路反王裡要以瓦崗寨的實力最強，可是這位李密先生因勝而驕，越來越倒行逆施，最終還是當不成天子。

恐怕當時誰都想不到，這個「當為天子」的姓李的，竟然應在了李淵頭上。

李淵的老娘和楊堅的老婆是姐妹，換言之，他是楊堅的外甥，是楊廣的表哥，高門外戚，誰都想不到他會起兵造隋朝的反。可是眼看楊廣胡作非為，天下被搞得亂成一鍋粥，李淵琢磨著我要是再不動手，那鐵定要陪著楊廣死啊。他姓楊，我姓李，我幹嘛給他陪葬？

於是悍然在太原立起竿子，然後長驅直入，殺入長安，擁戴楊廣的孫子、代王楊侑當皇帝——楊廣就這樣在自己都不知情的情況下「被太上皇」了。

楊侑封李淵為唐公，不久後又晉升為唐王，然後順理成章地，李淵更進一步，受了禪讓，做上了大唐天子。新朝既然建立，按照習慣就得推「德」啊，五行相生，火生土，既然隋朝是火德，李唐於是就妥妥地應了土德，服色尚黃。

❶ 指海外蠻荒的種族。

❷ 北朝人編髮為辮，狀似繩索，因此被南朝人戲稱為「索虜」。

大唐千年曆

大文學家論唐朝應接漢而非隋，直接忽略魏晉南北朝的近四百年！

李唐應土德，本來這件事是清清楚楚、明明白白、合乎規則、無可爭議的，可誰想到偏偏有人看不順眼，要跳出來唱反調。這人是誰呢？那就是大名鼎鼎、「初唐四傑」之一的文學家王勃。

高祖李淵以後是太宗李世民，李世民以後是高宗李治，就在李治當皇帝的時候，王勃寫成了一部《千歲曆》，說唐朝的土德應該直接接續漢朝的火德，而非隋朝的火德。為什麼呢？王勃解釋說，因為從曹魏直到隋朝，歷代都沒能真正統一中國，他們都是沒有資格參與五德循環的，只不過是些五行的「沴氣」而已。「沴」這個字讀「厲」，指的是災害、不祥和，所謂沴氣，也就是類似汽車排的廢氣、災氣、毒氣——文人罵人從來最陰險不過了。

王勃是當時的大才子，果然手筆非凡。漢代那位張蒼先生踢開秦朝，讓漢朝繼承周德，不過是裁掉了從東周滅亡直到漢朝初興之間五十多年時間而已，北魏的崔光先生不理會十六國，讓北魏上追晉德，也不過省略了中間近一百八十年而已。這位王大才子下手可比前人狠得多，輕輕鬆鬆四個字「唐繼漢德」，於是乎漢唐之間的魏晉十六國南北朝將近四百年時光，就被他一刀割下來扔下水道裡去了。

因為這種演算法實在太荒唐，連朝廷都覺得不像話，所以根本不予理睬。王勃終究也只是一位文學家，做不成開宗立派的一代大儒，或者一代吹牛王。

可是（人生就怕可是，歷史也怕可是），這事還沒完呢，誰都想不到過了幾十年，又有人端起了王勃的剩飯。

且說唐高宗駕崩以後，他老婆武則天垂簾聽政，後來乾脆把幾個兒子都一腳踢開，自己當了皇帝，把國號改成了「周」，追認周文王為武氏的始祖——據說開創東周的周平王有個小兒子，因為手掌上有像「武」字的紋路，就起名為武，後來又賜為武氏，做了周朝大夫，也不知道怎麼一路傳下來，就傳到武則天了。

按照鄒老教授的「五德終始說」，一千年前的周朝是火德，這一千年後的周朝嘛，當然也要跟著祖宗走，同樣應火德，服色尚赤。這又是一個不按牌理出牌的主子——不過話說回來，女人當皇帝，本來就徹底顛覆了傳統牌理嘛，她還在乎這點小花樣嗎——因為無論是「五行相勝」還是「五行相生」，都解釋不了為什麼唐朝是土德，跟著興起的武周會是火德。不過哪怕再詭異，當時都沒人敢糾正，這可以理解，換成我回到那個時代，也一樣裝聾作啞。為什麼呢？你想啊，旁邊周興、來俊臣他們全都豎起耳朵哪，你要是對火德表示疑問而惹得武則天不高興了，被請進大甕裡洗桑拿，那可怎麼辦？

反正質疑的話是沒人敢講，說奉承話拍馬屁的卻大有人在。武則天曾經修建過一座宣明政教用的明堂，後來天有不測風雲，也不知道哪冒出來的火頭，嘩呼一下就把整座建築給燒成灰了。武則天心裡鬱悶呀，好幾天都蹲在宮裡畫圈圈。這時候就有個叫張鼎的左史跳出來給女皇帝解悶，諂媚地上奏道：「大火在王屋上燃燒，正合乎我大周火德興旺之象哪，這是祥瑞啊！」氣得左拾遺劉承慶上疏駁斥，說這小子哪是奉承，分明說風涼話嘛，陛下您可千萬別被他妖言所惑。

可不是嘛，要是奉火德就得遭天火，那麼，奉水德就得發大水，奉金德就有刀兵之災，奉木德要房倒屋塌，奉土德不是山崩就是地震……五德靠著災禍來應，那還是德嗎？還奉它幹嘛？找死啊？

話題拉回來，且說武周朝出過一位大畫家，名叫李嗣真，字承胄，官拜右御史中丞。從來文學藝術不分家，所以大畫家李嗣真就重提大文學家王勃的理論，建議把周、漢尊為二王，其他的小朝代尤其是北周、隋都要降格處理。這一回武則天准奏了，頒令全國改制，於是只有周、漢兩朝被尊為正統，其他王朝，甚至唐朝，全都變成列國了。

武周認定老祖宗東、西周是火德，漢朝按照劉歆的說法，也是火德，然後空了四百多年，大家繼續火德——五德還循環什麼啊，從頭火到尾算了嘛。所以等到武周結束，唐中宗李顯復了位，怎麼瞧怎麼覺得這些政策彆扭到不行，於是一股腦兒全都廢掉，復歸唐初的說法。

有關王勃的《千歲曆》，到此還不算完。

唐朝最鼎盛的時代是唐玄宗開元、天寶年間，那時候到處歌舞昇平，飽暖思淫欲……不對，應該是得到飽暖的大群閒人想要追求更高層次的物質文明和精神文明享受，而想要得到更高享受就得升官，升官最便捷的方式就是上疏朝廷言事，以求騙得皇帝青睞。當時那些上疏言事的傢伙為了吸引目光，不惜在奏章裡說些稀奇古怪的話，說的話越是詭異，觀點越是新奇，就越容易得到注意。這其中，就有個叫崔昌的，乾脆拿王勃的舊文改了個名字，直接就遞了上去。

唐玄宗本身就是個藝術家，如前所述，他的思路大概跟李嗣真差不多，覺得這說法真新鮮、有意思，就去跟宰相李林甫商量。而至於這位李林甫先生，成語「口蜜腹劍」就是說他的，最會拍皇帝馬屁，同時背後給同僚下刀子。他一瞧玄宗的口氣，好像很欣賞這種說法嘛，皇帝贊成的，只要不違背他的利益，他何必去反對呢？於是連連點頭稱是。唐玄宗大感欣慰，下詔准奏。

於是乎，周、漢重新被奉為二王，其他朝代再次被降格為列國，一如武則天時代，只不過這次繼承周、漢正統的是唐朝，為土德。甚至兩年以後，禮部還出了個《土德惟新賦》的科舉作文題，讓考生們全都就這件事來談談感想。

後來唐玄宗「偷媳」偷出個楊玉環，兩人那份恩愛繾綣啊，楊家得以雞犬升天，就連楊玉環原本落魄的堂兄楊釗也做上了高官，並且改名為「國忠」，以表示他對皇帝那真是忠心耿耿，可表天日。這楊家一直是當隋朝皇室為本家的，楊國忠瞧見唐朝居然把隋也給貶了，心裡著實不舒服，於是跟玄宗商量，不如從北魏開始起算，把北周和隋朝都放回五德循環裡去，如何？

這時候唐玄宗正和楊玉環如膠似漆呢，更重要的是，李林甫已經掛了，原來一直被他壓著難以出頭的楊國忠當上了宰相，總理朝政，所以對於這個宰相大舅的面子，玄宗不能不買。玄宗下詔：「一切都按楊相說的改。」楊國忠隨即就把那倒楣鬼崔昌給遠遠貶到蠻荒之地去了。

就這樣，拉拉扯扯了兩三個來回，唐朝的土德上承隋朝的火德，才算是真正穩固了下來。然而諷刺的是，就在唐朝的德性終於穩定下來的同時，唐朝的社稷卻開始了劇烈動盪——天寶十四載（西元七五五年），安史之亂爆發。唐玄宗為此丟了皇位，也「被太上皇」了一把，楊國忠和楊玉環兄妹則乾脆丟了性命。

典故

自古帝王五運之次，凡二說：鄒衍則以五行相勝為義，劉向則以五行相生為義。漢魏共遵劉說，國家承隋氏火運，故為土德，衣服尚黃，旗幟尚赤，常服赭赤也。赭黃，黃色之多赤者，或謂之柘木染，義無所取。高宗時，王勃著《大唐千年曆》：「國家土運，當承漢氏火德。上自曹魏，下至隋室，南北兩朝，咸非一統，不得承五運之次。」勃言迂闊，未為當時所許。天寶中，升平既久，上書言事者，多為詭異，以希進用。有崔昌以勃舊說，遂以上聞，玄宗納焉，下詔以唐承漢，自隋以前，歷代帝王皆屏黜之，更以周、漢為二主。後二歲，禮部試天下，造秀作《土德惟新賦》，則其事也。及楊國忠秉政，自以為隋氏之宗，乃追貶崔昌並當時議者，而復酅介二公焉。

——《封氏聞見記・運次》

統一以後再動亂

唐朝二百九十年毀於藩鎮割據，「全忠」大將軍不忠搞反叛！

所謂「安史之亂」，是指唐朝鎮守北方邊境的胡族雇傭軍集體造反，造反的第一頭目是安祿山，後來被他兒子安慶緒給宰了，接著安慶緒又被大將史思明宰了，史思明被他兒子史朝義宰了。安、史兩姓，父子四人，掀起了潑天的大亂子。

安史之亂是唐朝由盛變衰的轉捩點，從西元七五五年開始，到西元七六三年終結，前後持續了七年多的時間。不但唐玄宗沒能看到動亂落幕，就連他兒子唐肅宗也沒能看到——寶應元年（西元七六二年），這父子倆前腳跟後腳掛了，距離叛亂結束還有半年的時間。

唐肅宗以後是唐代宗，然後德、順、憲、穆、敬、文一路傳下去，唐朝的德性已經確定，再也沒人翻起什麼詭異的波浪來了。只是，到了唐武宗李瀍當皇帝的時候，他又為五德學說增添了一個小小的應用項目。

話說唐武宗有一回得了病，很長時間都沒能好，於是他就開始琢磨上了：「當年漢朝是火德，所以光武帝劉秀把洛陽的『洛』字改成了『雒』，以免大水澆滅火頭。如今我大唐乃是土德，而我的名字裡有三點水，土剋水，這病自然就好不了啊。看起來，王朝的氣運是不能壓住君主名字的。」因而李瀍就下詔改名，把「瀍」字改成「炎」字，火生土，這回順溜了吧。

想當初曹魏初定土德，就有閒人跟曹丕傳話，說趕緊把「雒陽」給改回「洛陽」吧，土剋水，王朝之氣壓住了首都之氣，乃是大好事。估計唐武宗李炎就是想到了這個典故，所以才加以發揮和應用的。

說句題外話，唐武宗的前一任皇帝是唐文宗，本名李涵，也是帶三點水的字，後來登基的時候改名為李昂，不知道跟五德學說、五行相生相剋是否也有關係。手頭沒有什麼確實的證據，姑妄言之，大家也都順便聽聽就是了。

唐文宗前面是唐敬宗李湛，唐武宗後面還有個唐懿宗李漼，全都帶三點水，卻都沒有改名。李湛確實活得不長，李漼卻好歹活到了四十一歲，比改名李炎的唐武宗多活了八年，所以說這君主名字和王朝德性之間的生剋關係嘛……嘿嘿嘿嘿，今天天氣真不錯。

來總結一下此時所謂正統德性體系吧：周朝是木德，漢朝是火德，木生火，這是五行相生；然後北魏是水德，水剋火，這是五行相剋；接著北周是木德，隋朝是火德，唐朝是土德，都是五行相生。總而言之，相剋、相生的新舊兩套學說，原本都可自成體系，可是經過了人為的反覆降格、升格和割裂以後，就混合出來這麼一個四不像。

唐朝總共傳承了二百八十九年，最終這個土德王朝還是掛掉了。關於唐朝滅亡的因素很多，包括內部的牛李黨爭、藩鎮割據、農民起義，也包括外部的回鶻、吐蕃、契丹等外族侵擾，不過直接毀掉這個王朝的，還得說是藩鎮割據。

終結唐朝統治的傢伙就是一個割據一方的大軍閥，此人本名朱溫，是「若要官，殺人放火受招安」的典範。

朱溫曾經參加過黃巢起義。且說廣明元年（西元八八〇年）十二月初五，黃巢率領大軍殺進長安，唐僖宗按照慣例逃去了四川。可是黃巢沒能在長安站穩腳跟，很快就被各地蜂擁而來勤王❶的唐軍給趕出去了，作為部將的朱溫瞧著形勢不妙，於是就在西元八八二年臨陣倒戈，降唐了。唐僖宗這個高興啊，算起來朱溫是頭一個歸降的叛賊，而且職務還不低，本著「千金買馬骨」❷的古訓，他立刻下詔任命朱溫為左金吾大將軍、河中行營招討副使，並且賜名：全忠。

可是正如火德王朝不可能一直火下去，水德王朝也不見得不發大水一樣，名字是名字，實際是實際，這個世上名實不符的事物多了去了。想當初開元、天寶的盛世就有一半毀在一個叫「國忠」的傢伙手上，唐朝最終也毀在這個「全忠」手裡了，兩人簡直可以說是隔著一百多年前後輝映。

中唐開始就藩鎮割據自雄，到了晚唐，藩鎮們更是鬧得不像話，不但私相授受職務，不聽朝廷調遣，而且還三天兩頭地私鬥甚至造反，而朱全忠在降唐以後，很快就發展成中原地區最龐大的一家藩鎮勢力。勢力強了，野心就隨之而起，西元九〇七年四月，他終於下手推翻唐朝，建立後梁——歷史就此邁進了空前混亂的五代十國時期，而後梁就是五代中第一個王朝。

所謂五代，指的是梁、唐、晉、漢、周這五個主要控制中原腹地，並且相互延續的王朝。所謂十國，就是中國大地上還先後存在著的十個割據小國，除了一個北漢是後漢皇族在契丹人的支援下苟延殘喘，可以暫且不論之外，其餘九國基本上都在南邊。關於德性的問題，還是老規矩，先從北邊說起。朱梁的德性是什麼呢？

西元九〇七年，朱溫推翻唐朝，建立梁朝，史稱後梁。這位老兄既然當了皇帝，當然不能再叫「全忠」了，那得別人忠他呀，他怎能去忠別人？因而改名朱晃。他也信五德循環那一套，既然唐朝是土德，土生金，那麼後梁就該應金德。於是朱晃自命為金德王，就連內殿的名字都定下叫作「金祥殿」，當真是金光閃閃，瑞氣千條。

馬屁精們按照慣例是蜂擁而上，忙著獻祥瑞、解讖謠。據說，還在武則天垂簾聽政的時代，世間就出現過一則讖謠，說：「首尾三鱗六十年，兩角犢子恣狂顛，龍蛇相鬥血成川。」當時就有人解釋說：「兩角犢子，那是牛啊，想來一定有姓牛的惡人出現，顛覆大唐社稷。」所以後來官吏們互相傾軋，姓牛的人就倒楣了，周子諒彈劾牛仙客，李德裕彈劾牛僧孺，都搬出這則讖謠出來說事。

可是過了一陣子，不知道哪裡又跳出閒人來給了個新解釋，說大家都理解錯了，要想解這讖謠，得在「牛」下面安個牛角「八」。這樣就成了「朱」字——唐德宗時期有朱泚叛亂，當時人都說這是應了讖謠啦。等到朱泚失敗被殺後整整一百年，又有人把這事翻出來，奉承朱晃說：「這分明說的是陛下您哪，您將代唐而興，老天爺兩百年前就給出預兆啦！」

除了讖謠之外，當然還有祥瑞，有人聲稱在廣南附近逮著一隻白鹿，這隻白鹿可不尋常，它的耳朵上缺了兩塊。據說，鹿這種畜生壽命很長（這當然跟生物學無關），若能活過一千年，則全身皮毛就會變得雪白，耳朵也缺一塊。如今逮著的這隻白鹿耳朵上缺了兩塊，那鐵定壽命超過兩千年了，大家就頌揚說，這正合乎本朝尚白的金德之象。

可惜這個金德王朝別說兩千年了，就連二十年都沒熬過去，很快就被滅掉了。

賊寇豈能有德性？

究竟是誰滅的後梁呢？原來朱溫雖然建號稱尊，但他的實際統治範圍還不到中原的三分之一，四周是群敵環伺，內戰、外戰從來就沒有停過。其中有一鎮唐朝舊藩，乃是沙陀族人李克用所建，實力最強，跟朱晃也仇深似海。李克用死了以後，傳位給兒子李存勖，這位李存勖是一代名將，數次發兵，殺得朱晃捉襟見肘、狼狽不堪。所以朱晃忙著打仗，精力有限，金德不金德的，也就登基的時候順道提了一句，沒再多鬧什麼事。

到了西元九二三年，後梁終於被李存勖滅掉了。李氏父子本是沙陀人，這個曇花一現的少數民族，本來從屬於突厥，突厥為唐所滅，沙陀就順勢降了唐，首領朱邪氏被賜了李姓。傳到李克用、李存勖的時候，就乾脆舉起了復興唐室的大旗，以號召各路諸侯雄起跟朱晃對著幹。當時李家打著兩面旗號，一面是「唐」，雖然唐朝亡了，但他們仍然自認是唐朝的臣子；一面是「晉」，因為李克用曾被唐朝冊封為晉王。然而等到李存勖勢力膨脹，北邊打退了契丹，南邊把後梁軍打得跟狗一樣的時候，他就乾脆廢了「晉」字旗號，光稱「唐」了。為什麼呢？原來這位老兄老實不客氣，自己登上皇帝寶座，自稱大唐天子啦。

李存勖這種行為，瞧著很眼熟吧。沒錯，想當年劉淵也是外族掛個劉氏賜姓，號稱要復興漢室，其結果是初興了一個匈奴族政權，如今李存勖號稱要復興唐室，結果也初興了一個沙陀族政權——史稱後唐，李存勖就是鼎鼎大名的後唐莊宗。

不過李存勖比劉淵要取巧得多，也幸運得多，因為當年魏、晉先後興起，漢朝都快被大家忘得差不多了，復興漢室的旗號連諸葛亮都打不穩，劉淵當然更打不穩，所以後來只好悻悻然撕下偽裝，把國號改成了「趙」。李存勖打出復興唐室旗號的時候，唐朝才剛亡了不久，加上朱晃在中原胡作非為，所以是人心思唐啊。雖然不是李唐正根，李存勖這旗號卻也打得穩穩的。那麼既然是復興唐室，他自然不能繼承後梁的金德，自稱水德，必須「堂堂正正」地宣稱自己跟從前的唐朝一樣，也是土德。

後梁的金德就這樣給埋了，活生生從五德循環裡給剔了出去——沒辦法，勝者王侯敗者寇，一個賊寇也敢有德性嗎？

李存勖很會打仗，但可惜不會治國。剛把後梁滅了，他就趾高氣揚地覺得統一是順理成章的事情，從此不理國事，痴迷上了表演藝術，成為古往今來地位最高的戲劇票友。他還給自己取了一個藝名，叫作「李天下」。某次他一登臺就連報三聲「李天下」，結果一個戲子衝上來狠狠地吐槽他，喝道：「理天下的只能有一人，怎能有三個？」李存勖不但不光火，竟然還誇獎那戲子忠心可嘉。

李存勖就這麼唱著戲，把命都給唱沒了——同光四年（西元九二六年），都城洛陽爆發兵變，亂軍一箭就要了這位「李天下」的老命。但是李存勖雖死，後唐卻並沒有亡，李克用的養子李嗣源搶到了寶座，讓這個土德王朝又延續了整整十年，最後亡於後晉。

後晉的開國皇帝名叫石敬瑭，本來是後唐的大將，後來跟後唐末帝李從珂鬧矛盾，悍然豎起了反旗。可李從珂兵強馬壯，石敬瑭打不過他，那該怎麼辦才好呢？古往今來，什麼事情都有下限，只有人的節操沒有下限，石敬瑭無路可走之下，乾脆開門揖盜，去懇請契丹兵殺進中原來幫忙，不僅如此，他還公然向契丹稱臣，尊奉還沒自己歲數大的契丹國主耶律德光當老爹！靠著不要臉奪取了政權。

後人有罵石敬瑭是「漢奸」的，這話不大對，因為老石本來就不是漢人，他跟後唐皇室一樣，都是沙陀人。

後晉繼後唐而興，土生金，於是五代中第二個金德王朝就這樣誕生了。這個金德王朝同樣短命，石敬瑭死了以後，他的養子石重貴繼位，還算有點骨氣，當年石敬瑭覥著臉向契丹稱臣，還認了個乾爹，到了石重貴就該成孫子了，可是他孫子肯當，臣不肯當，打算斷絕跟契丹哪怕只是名義上的附庸關係。只可惜石重貴和他那一票重臣光骨頭硬了，完全沒有本事，結果被耶律德光領兵殺入中原，直接就給滅了國。

後晉朝廷是完蛋了，皇帝、大臣不是被殺就是被擒，可是老百姓還在，一時間義兵四起，打得契丹兵是顧頭不顧尾，徹底陷入了人民戰爭的汪洋大海之中。耶律德光沒辦法，只好扔下一句：「沒想到中國人那麼難搞。」撤兵回國，半路上就活生生氣死了。

後晉的節度使劉知遠趁機雄起，建立政權，史稱後漢。為什麼又用上了「漢」這個國號呢？原來那劉知遠也是沙陀人，劉這個姓天曉得哪來的，他既然找不到賜姓的來由，乾脆睜大眼睛直接編瞎話，說自己是東漢顯宗孝明帝第八子淮陽王劉昞之後，所以如今再來復興漢朝。當然啦，這套鬼話壓根兒矇不了人，況且隔著將近千年，也沒人再懷念漢朝了，所以他也就不再承襲漢朝的火德，而是繼續按照五行相生的原理，取代了晉德

——後晉是金德生水，後漢就是水德。不過這傢伙「德」什麼已經不重要了，因為後漢天下只有短短的三年，就被大將郭威奪了位，改國號為「周」。

前面說過，以往的歷代帝國名號，幾乎都沿用開國皇帝登基之前的封國名或者封爵號，比如漢王劉邦、魏王曹丕、晉王司馬炎，再比如南北朝時候的宋王劉裕、齊王蕭道成、梁王蕭衍、陳王陳霸先、齊王高洋、周王宇文覺，後來還有隨王楊堅、唐王李淵，一直到梁王朱全忠。

關於朱全忠還有這麼一檔事，想當年他打算逼唐朝昭宣帝李柷讓位，大臣蔣玄暉、柳璨商量著，按照魏、晉以來的慣例，重臣就應當先封個大國，然後再接受禪讓，梁是小國，不夠資格怎麼辦？於是他們就慫恿昭宣帝下詔改封朱全忠做魏王，加九錫（天子賜給功臣的九種器物，表示最高的禮遇）。可誰想到這位「全忠」的梁王是流氓出身，最討厭按牌理出牌，不但不肯接受，反而把蔣玄暉和柳璨給宰了，最終以梁王的身分受了禪讓，這才建立起後梁。

要是這傢伙講點規矩，說不定歷史上會出現一個後魏呢。

拉回來說，後周的開國皇帝郭威在後漢朝，最高的名號是監國，根本就沒有周公或者周王的爵號，那他為什麼要以「周」作為帝國名號呢？據說，這也是跟他先祖以及五德循環相關聯的。

郭威的先祖（不用說，也是自稱的，不過郭威理論上還算是漢人）乃是周朝的虢❸叔，古代郭、虢二字相通，所以虢叔後人就自稱姓郭，按照這種譜系，郭家的先祖是周王室。巧合的是，按照劉歆的新五德系統，周朝不是火德而是木德，而南北朝時候宇文氏建立的北周也是木德，郭威篡的是後漢的水德，水生木，恰好也是木德。三周皆木，這真是天意，因此這個「周」的國號真是再合適不過了。

❶指國家君主有難，臣子起兵救援君主的行動。

❷出自《戰國策・燕策》，比喻不惜代價，一定要求得有用人才。

❸音同「國」。

典故

周太祖廣順元年，司天上言，歷代帝王以五運相承，前朝紹承水德，今國家建號周朝，合以木德代水。准經法，國以歲暮為臘。今歷日所行，合以今年十二月二十二日丁未為臘。從之。臣欽若等曰：晉承後唐，漢承晉，本文不載承土之德，據周稱木德，即是漢為水，晉為金，以繼唐土德也。

——《冊府元龜‧帝王部‧運曆》節選

石頭裡冒出來的德性

契丹國王熱衷漢學、重用漢人，為正統而改漢式國號搞德性！

後周是五代第五個，也是最後一個王朝，北邊就此告一段落，我們再來說說南邊。

前面說過了，五代十國，十國裡除了一個北漢外，其餘九國都在南邊。這九國其實不夠有意思，那班傢伙對五德學說並不怎麼上心，所以稱帝的多，推演五德的少。何況他們中很多人本身也有自卑心理，認為正統都在北方五代那，自己其實就一地方政權——比如南唐雖然稱帝，但一向奉北方王朝為宗主，而錢鏐的吳越、馬殷的楚則是連皇帝都不敢稱，只是國王級別。不是正統，就沒有論德性的資格，所以他們主動縮了頭。

有個國家一定要提上一提，那就是前蜀。這個前蜀是王建創建的，雖然沒有什麼「德性」的記錄，可是論起祥瑞來，卻是十國中最多的。《新五代史》裡一篇《前蜀世家》，幾乎三分之一的篇幅都是在記述哪年哪月什麼地方碰到了什麼祥瑞。

比方說，就在唐朝滅亡的那一年（西元九〇七年）正月，據說青城山上出現了巨人，然後到了六月間，萬歲縣又出現了鳳凰，嘉陽江裡出現了黃龍。更可怕的是，「諸州皆言甘露、白鹿、白雀、龜、龍之瑞」，這一個「皆」字，不禁讓人全身起雞皮疙瘩……

祥瑞太多了，這裡不勝枚舉，我就舉一個例子，便可見前蜀君臣的想像力奔放到了什麼程度。前蜀武成三年（西元九一〇年）八月，有人號稱在洵陽看到了龍，而且不是一條，而是整整五十條！連修史的歐陽修本人寫到這裡，都忍不住說了一句：幫主，這也太離譜了吧！

歐陽修為此大發議論，說他讀這篇《蜀書》，發現各種包括龜、龍、麒麟、鳳凰、騶虞[1]之類，歷代都說代表帝王興起的祥瑞，全都聚集去了該國，這可真是太奇哉怪也了。尤其是龍，龍這種東西不被人見到才顯得神奇，在天上飛行著排雲布雨才是它的本職工作，如今突然暴露形象，就是不神，不在天上卻在水裡，就是失職，至於一下子出五十條，那簡直就是妖孽了。

五代十國的終點是宋朝。不過在說宋朝之前，還有一個大國得先介紹一下，那就是遼。

遼的正經國號，其實應該以族為名，叫作「契丹」。契丹的開國君主是耶律阿保機，和後唐太祖李克用、後梁太祖朱晃是同一時期的人物。雖然是契丹人，但他一直熱衷於漢學，手底下重用的都是韓延徽、韓知古、康默記等一大票漢人謀士。耶律阿保機死後，他第二個兒子耶律德光繼位，石敬瑭恬不知恥地來請救兵，主動獻上燕雲十六州，也就是今天北京市、天津市以及河北、山西北部這些傳統的漢人居住區。契丹人占了這些地方，不大會管理，但是耶律德光思路發散，乾脆搞了個全新的政權模式，把官員們分成兩部分，一部分管契丹、奚❷、蒙古、女真等遊牧漁獵民族，一部分管漢地、漢人。

這種兩部制，表明契丹國是蕃人和漢人的共同國家，最顯著的標誌是什麼呢？那就是上朝的時候，皇帝、皇后同時臨朝，皇帝穿漢服，皇后穿蕃服。所以很多影片裡拍契丹國主在朝堂上還是皮袍、氈帽，那是錯誤的，他正經的打扮應該是直角襆頭配圓領大衫。

再後來，石敬瑭掛了，他兒子石重貴突然打死不願稱臣，耶律德光就老實不客氣地領兵南下，滅了後晉。本來耶律德光這回出馬是不打算再回北邊去的，他要在洛陽建都，在中原稱尊，當真真正正的中國皇帝，然而天不從人願，耶律德光一腳踩進了人民戰爭的汪洋大海，被迫狼狽逃回。從這事也可以看出，契丹人是把自己當中國人的，是把自己的國家當中國王朝的。所以他們對內的國號是「契丹」，但在和中原王朝，尤其是後來的宋朝搞外交的時候，為了證明自己才是中國正統，就定了個「遼」的漢式國號——不能還叫契丹，瞧著就是個少數民族，不是正統國家。

順道一提，因為契丹遼兵鋒所指，直接西域，而無論五代還是後來興起的宋朝，都沒能對西域施加哪怕一丁點兒影響，所以當時中亞西亞一帶的各國各民族，都普遍把契丹遼當成中國，從他們那再往西傳，一直到歐洲，也都是把契丹當成中國的別名。

拉回來說，既然連中國式的國號都敲定了，那麼中國王朝名義上傳承了好幾千年（實際就一千來年）的五德學說，他們當然不敢不理。可最大的問題是，契丹遼和中原王朝向來沒太大瓜葛，這個「德」不好聯繫啊。

契丹第二任國主，後來被稱為遼太宗的耶律德光，只好把目光投向了自己的老祖宗。他倒是夠明智，沒去認一個八竿子打不著的中原王朝當祖宗，而是老老實實地在祖先的神話傳說裡找因由。根據契丹族起源神話，最初有一個男子騎著白馬，在遼水邊碰到一位駕著青牛車而來的女子，二人結為夫婦，生下了八個男孩，也就是契丹八部的始祖。契丹族在遼水邊誕生，所以這個德性嘛，當然就該是水德啦。

於是經過這麼一個推導過程，總算是找到了契丹應水德的理由，並且因此定下了中國式的國號——「遼」，用以紀念本族的母親河。所以說契丹遼的水德跟北魏的土德很類似，不是五德循環，相生或相剋而出的，而是橫空出世，石頭裡冒出來的。

❶古代漢民族傳說中的仁獸。
❷中國古代北方少數民族之一，屬東胡族。

典故

嗚呼，自秦、漢以來，學者多言祥瑞，雖有善辨之士，不能祛其惑也。予讀《蜀書》，至於龜、龍、麟、鳳、騶虞之類世所謂王者之嘉瑞，莫不畢出於其國，異哉！然考王氏之所以興亡成敗者，可以知之矣。或以為一王氏不足以當之，則視時天下治亂，可以知之矣。

龍之為物也，以不見為神，以升雲行天為得志。今偃然暴露其形，是不神也；不上于天而下見於水中，是失職也。然其一何多歟，可以為妖矣！鳳凰，鳥之遠人者也。昔舜治天下，政成而民悅，命夔作樂，樂聲和，鳥獸聞之皆鼓舞。當是之時，鳳凰適至，舜之史因并記以為美，後世因以鳳來為有道之應。其後鳳凰數至，或出於庸君繆政之時，或出於危亡大亂之際，是果為瑞哉？麟，獸之遠人者也。昔魯哀公出獵，得之而不識，蓋索而獲之，非其自出也。故孔子書於《春秋》曰「西狩獲麟」者，譏之也。「西狩」，非其遠也；「獲麟」，惡其盡取也。狩必書地，而哀公馳騁所涉地多，不可遍以名舉，故書「西」以包眾地，謂其舉國之西皆至也。麟，人罕識之獸也，以見公之窮山竭澤而盡取，至於不識之獸，皆搜索而獲之，故曰「譏之也」。聖人已沒，而異端之說興，乃以麟為王者之瑞，而附以符命、讖緯詭怪之言。鳳嘗出於舜，以為瑞，猶有說也，及其後出於亂世，則可以知其非瑞矣。若麟者，前有治世如堯、舜、禹、湯、文、武、周公之世，未嘗一出，其一出而當亂世，然則孰知其為瑞哉？龜，玄物也，污泥川澤，不可勝數，其死而貴於卜官者，用適有宜爾。而《戴氏禮》以其在宮沼為王者難致之瑞，《戴禮》雜出於諸家，其失亦以多矣。騶虞，吾不知其何物也。《詩》曰：「吁嗟乎騶虞！」賈誼以謂騶者，文王之囿，虞，虞官也。當誼之時，其說如此，然則以之為獸者，其出於近世之說乎？

夫破人之惑者，難與爭於篤信之時，待其有所疑焉，然後從而攻之可也。麟、鳳、龜、龍，王者之瑞，而出於五代之際，又皆萃于蜀，此雖好為祥瑞之說者亦可疑也。因其可疑者而攻之，庶幾惑者有以思焉。

——《新五代史・前蜀世家》節選

點檢作天子

一句讖謠，陰錯陽差安錯人，卻佐證了趙匡胤的受命於天！

後周顯德七年（西元九六〇年）正月，鎮州和定州急報，說契丹和北漢聯兵南下，侵擾疆土，於是朝廷就派殿前都點檢趙匡胤率軍前去抵禦。可是意想不到的事情發生了，禁軍剛離開京城，才走到陳橋驛的時候，突然就鬧起了譁變，隨即譁變軍官把一件黃袍子披在趙匡胤身上，擁戴他做皇帝。趙匡胤立刻回師，推翻後周，建立了一個全新的王朝。

前面說過，明黃色的龍袍得到清朝才成為定制，在此之前，黃色雖然也算是比較高貴的顏色，普通平民不准穿，可還不是皇帝專用的顏色，這次事變裡出現了「黃袍」這一道具，純屬偶然。比方說，一百六十多年以後，契丹覆滅前夕，燕京的大臣們擁戴耶律淳當天子，給他披的就是赭紅袍。不過，「黃袍加身」這個成語就這樣流傳了下來，代表著某人主動或被動地稱了皇帝。

趙匡胤的篡位，也相關著一則讖謠。據說當後周那位雄才大略的世宗柴榮還活著的時候，也不知道哪裡出現的流言，說：「點檢作天子。」所謂「點檢」，全稱是「殿前都點檢」，也就是禁衛軍總司令，而當時擔任這一要職的，乃是衛國公張永德，是太祖郭威的女婿。柴榮本身是郭威老婆的侄子，被郭威收為養子，所以論起繼承權來，他跟張永德是半斤八兩，都不算最正統——沒辦法，郭威沒有活的兒子，只好把內侄當兒子了，可女婿也有「半子」之稱，張永德同樣也有繼承皇位的資格。

所以柴榮聽到這則讖謠，心裡就犯了嘀咕，本著寧可錯殺不可放過的原則，乾脆免除了張永德的職務，而讓自己的親信大將趙匡胤接任殿前都點檢一職。這就跟當年隋煬帝殺李渾一樣，自作聰明地以為讖謠就落在某人頭上了，可是想不到天下姓李的多的是，殺了一個李渾，還有李密、李淵，或者別的什麼李某。柴榮以為「點檢作天子」是應著張永德，以為只要不讓張永德做殿前都點檢，自然天下太平，他可沒想到，下一任殿前都點檢趙某才是真正應運而生之人……。

還是趙匡胤聰明，當皇帝沒幾年，就找個藉口把殿前都點檢這職務給撤銷了——乾脆堵死源頭，以後什麼張某、趙某，還有當時正當著這個職務的慕容延釗，全都再不能拿這則讖謠說事了。

趙匡胤此前跟郭威一樣，沒有爵號、國號，所以他定新王朝的名字為「宋」，純粹因為首都在開封，春秋戰國時代屬於宋地。宋朝跟前面的短命五代不同，雖然沒能統一天下，但基本上中原地區是占住了，南北宋政權延續了三百多年。所以我們可以看到，漢朝以後，除了少數外族政權外，大多數王朝包括割據勢力，都用中原的地名，更準確點說，是用某地相對應的周代諸侯名做國號。

周朝號稱八百諸侯，其實留下名字的不過一百零幾個，其中還有很多實在太弱小讓人瞧著就來氣的，所以真正能用的名號並不多。如此一來，重名的王朝、王國就多了去了，使得歷史學家們必須在前面加個字才能搞清楚誰是誰——比如北周、武周、後周，比如東晉、西晉和後晉，比如南梁、後梁。

五代五個王朝，為此就都帶個「後」字。照道理說，宋朝前面還有南朝劉裕所建的宋國，它也應該叫「後宋」，可是碰上這個朝代太繁榮，太漫長，所以搖身一變成了正根，前面不用加字，就叫作「宋」——至於南宋、北宋，則跟東漢、西漢，東晉、西晉一樣，只是代表王朝的兩個階段而已。

趙匡胤篡了後周，建立宋朝，後周前面說了，屬木德，於是五行相生，木生火，宋朝又該循環到火德，服色尚赤。這是宋初就穩穩確定下來的，完全沒有爭議。

可是（又該可是了），就像唐朝當年以土德繼承了隋朝的火德以後，過了幾十年，突然跳出個大文學家王勃來表示不滿，要求刪光前面的幾個朝代，直接繼承漢朝的正統。這一回，宋朝也碰到了同樣的閒人，不過他的名聲可沒有王勃響亮。

太平興國九年（西元九八四年）四月，當時坐在開封皇位上的，乃是宋太祖趙匡胤的兄弟太宗趙光義，突然有個名叫趙垂慶的平民東施效顰也學王勃上疏，說本朝如此輝煌，就應該跳過那烏七八糟的什麼五代，直接上承唐朝，定德性為金德。再說了，就算不刪掉五代，後梁取代了唐朝，後唐又取代了後梁，這麼一輩輩排下來，到我們這也應該是金德了。

趙垂慶明顯偏科嚴重，數學略通，歷史太差，完全給算錯了。這傢伙以為五德輪替的順序應該是「唐（土德）—後梁（金德）—後唐（水德）—後晉（木德）—後漢（火德）—後周（土德）—宋（金德）」。可惜這只是理想狀態而已，事實上後唐壓根兒就沒把後梁當成正統王朝，自己也不新建德性，而是直接扛起了唐朝的大旗，上應土德，而不是水德。所以繼續推演下去，宋朝就該是火德，不能是金德。

宋朝的國策就是善待文人士大夫，所以趙光義沒讓人一頓亂棍把趙垂慶給轟出去，而是把他的上奏交給大臣們討論。有位常侍徐鉉，原本是南唐的重臣，算當時數一數二的國學大師，他一眼就瞧出了趙垂慶的漏洞所在。他說，唐朝雖然滅亡了，卻有後唐撥亂反正，所以正統循環得從後唐起算，我皇宋還該是火德。為了加強說服力，他還援引了唐玄宗時候崔昌獻議的例子，以證明趙垂慶犯的是明顯的錯誤，辯無可辯。這樁風波也就此平息，然後，我們還得繼續，可是……

大中祥符三年（西元一〇一〇年）九月，宋真宗趙恆在位的時候，開封府有位功曹參軍名叫張君房，再次跳出來鬧事，上疏勸說朝廷把德性改成金德。

不過這一次和上次不同，張君房不再在「五德」上繞圈子，而是開闢第二戰場，大談祥瑞徵兆。要知道那宋真宗是個極度迷信的傢伙，尤其痴迷祥瑞，對他說上天降瑞，那要比推演五德更有說服力。更別說，張君房真的搜集到了，或者說編造出了不少證據：

其一，當後周恭帝柴宗訓把皇位禪讓給宋太祖趙匡胤的時候，也就是西元九六〇年，按照傳統的干支紀年法，正是庚申年，天干配五行，庚屬金，地支配五行，申也屬金位，二金合一，這難道不正是上天的預告嗎？其二，宋太宗在太平興國年間，曾經在都城汴梁城西開鑿過一個池子，起名叫「金明池」，為什麼不叫水明池、火明池而要叫金明池呢？這肯定跟德性有關啊。其三，就在前些年，丹徒進貢了一頭白鹿，姑蘇進貢了一隻白龜，而陛下您在封禪泰山的時候，又有人在山東獻上白兔一隻，鄆❶州也發現一隻金龜——白為金色，金像白色，這些祥物也都預兆著大宋該是金德啊！

這一回的論據不能說不充足，但可惜，張君房上疏的時機不對，宋真宗那時候正忙著去汾❷陰祭祀後土呢，沒空搭理他這件事，於是這再一次變火為金的「逆流」也慘遭失敗。

隔了不久，到天禧四年（一〇二〇年）五月，又一個閒人蹦了出來，光祿寺丞謝絳上疏說道：「當年漢朝跳過暴秦直接繼承了周的火德，為火德；我皇宋也應該如法炮製，跳過五代繼承唐的土德，所以不該是火德，而該是土德。」這一回比前兩次更不像話，一瞧就知道謝絳這人歷史沒學好。我們知道，在鄒老教授的「五德相勝」系統下，周朝才是火德，漢朝則是土德；而在劉向、劉歆父子倆的「五德相生」系統之下，周為木德，漢則為火德。這謝絳根本是把兩套系統給弄混了。

與此同時，大理寺丞董行父也上疏，堅持認為宋朝該是金德，還是老一套的理由，說宋朝應該跳過五代，上應唐朝土德云云。既然對方扔的是「火星磚」，宋真宗也就懶得跟他們費嘴皮子，直接引用當年徐鉉發的「火星文」，回答說大宋是受了後周的禪讓，這麼把人家一腳踢開良心上過不去，您就別在這廢話了。

如此這般，雖然下面不斷有人哼唧著要改德、要改德，但宋朝的火德卻是始終沒有變過。

舉例來說，北宋有一位書法大家，名叫米芾❸，他有一方書畫印，印文❹是「火宋米芾」四個大字，證明了宋為火德，是當時士大夫階層普遍的認知，張君房、謝絳之類全都非主流。對於這方印，米芾還特意寫過一段文字來做解釋，他說：「正人君子的名字都很端正，而紀年紀歲，也都應端正。從前有『水宋』（指南朝劉宋是水德），所以今天要用『火宋』來加以區別。」

❶音同「運」。
❷音同「焚」。
❸音同「費」。
❹印章上鐫刻的文字。

第5章

宋代以降

宋代開始，大儒厭煩了這玩一千多年的五德學說，
開炮之後陸續有人跟進，
導致五德學說地位直線下降，
再來到民國，就剩下些殘破渣滓了。

宋人的正統論

玩了一千多年，宋朝終於有人對五德學說開炮，從根本上滅了它！

宋代官方推定的德性是火德，下面有些非主流嘰嘰喳喳的，根本動搖不了大局。可是事實上，這些爭論已經是五德學說的迴光返照了。從北宋開始，終於有明白人對這個延續了一千多年的奇怪學說感覺膩，並開始對它進行猛烈抨擊。

並不是說從前就沒有明白人，大家都一樣渾，只是就算犄角旮旯[1]裡偶爾有幾個明白人，卻聚不成潮流，形不成氣候，他們的抨擊也都淹沒在了歷史大潮和浩瀚典籍之中，很難翻找出來，亂世裡面沒人有閒空搞學術反思；相反，哄抬五德來給統治者添光彩，從而求賞點殘羹剩飯的傢伙倒是不少，這暫且不論。漢朝從武帝開始「獨尊儒術」，到了元帝乾脆「純任德教」，漢儒的祖師爺是董仲舒，集大成者是劉歆，這兩位大宗師都點頭的理論，當然沒人敢反駁啦。唐人浪漫主義氣息濃厚，無論文學家還是藝術家都最喜歡這一類準行為藝術，所以也不怎麼會去批評。宋朝不一樣，相比唐人，宋人重理性，宋詩就因為太講理而被後來很多人罵沒有詩味，再加上老趙家利用科舉制度和冗官政策培養出一個規模空前的官僚集團來，大票閒人吃飽了飯沒事幹，就只能去故紙堆裡鑽研學問嘍。

對於五德學說，第一個跳出來發難的是大儒胡瑗，此人字翼之，是理學先驅，被稱為「宋初三先生」之一（還有兩個是孫復和石介）。胡瑗寫過一部《洪範口義》，從五德學說最早的理論基礎《洪範》開始批評起。

那麼《洪範》又是什麼呢？我們知道，儒家經典裡有一本《尚書》，又叫《書經》，據說彙編了從唐堯、虞舜直到周代的好多篇官方歷史文獻，其中就有一篇《洪範》，據說其內容是商朝遺老箕子向周武王所傳授的「天地之大法」。

根據考證，《尚書》中很多篇章都是後人偽造的，而就算那些真正的古代文獻，也都被歷代儒家給篡改得面目全非了。至於《洪範》，估計是春秋甚至戰國時代某些閒人的作品，因為裡面提到天帝賜給大禹以治理天下的九種大法，即九疇，包括五行、五事、八政、五紀、皇極、三德、稽疑、庶徵、五福和六極。瞧，裡面提到五行了，五行就是春秋時代陰陽家們搞出來的，無論箕子還是周武王全都不可能聽說過，而且五行理論也正是五德學說的基礎。

胡瑗寫《洪範口義》，其主旨就是重新闡述漢儒所說的「天人感應」。「天人感應」跟五德一樣都說了一千多年了，胡瑗不可能全都給駁了，況且要是駁了這一點，那麼君主「受命於天」云云也都沒了基礎，搖搖欲墜，胡瑗還要腦袋呢，他不敢這麼幹。他只是認為漢儒相信讖緯的行為非常可笑，認為上天是利用人的努力來達成其意志，跟什麼祥瑞啊、符讖啊，還有五行什麼的沒有任何關係，那些全都是歪理邪說，根本違背了至聖先師孔老夫子的本意。

孔子說人事，不說天事，怎麼，你們以為自己比孔子還要高明嗎，竟然直接說起天事來了？而且還是用五行生剋之類無稽之談來妄測天意，說好了是瞎子摸象，說差了純粹亂開地圖炮，沒一句實在話。

胡瑗老先生開了第一炮，炮打五德的基礎五行，接著他出手的是鄭獬，乃是宋仁宗皇祐五年（西元一〇五三年）的狀元公，也寫得一手好詩詞。鄭獬拋出一篇《五勝論》，繼續批判陰陽五行。但他們二位都只是這場「倒五」風潮的先鋒官而已，很快，大將就要上場了，那就是位列「唐宋八大家」之一的大文豪、大史學家——六一居士歐陽修。

歐陽修曾經和宋祁一起當主編，修過《新唐書》，後來又自家編了《新五代史》。我們知道，古代王朝最講究「正統」，也就是說，凡是膽敢稱皇帝的傢伙，都必須嚴正聲明老爺我才是華夏歷代傳承的正根，同時代的別家都是篡逆，是僭偽，是上不了檯面的山野蟊賊❷。所以研究歷史，不可能迴避這個「正統」問題，歐陽修就是運用正統的武器向五德猛烈開炮的。

歐陽修寫過一篇《正統論》，他說，什麼叫「正統」？自古以來成就王業的朝代，必然有極強的德性以承受天命，或者是功績澤被蒼生，或者是靠著好多代的積累才能成功，怎麼可能光靠著一種道德、一種德性呢？

繼而，他提出了一個全新的概念，叫作「絕統」──「大家說到正統，都想讓正統始終延續，從不斷絕，一旦事實跟理論不符合，那就創造一個概念接續下去，所以這理論總也說不通。其實啊，正統是有可能斷絕的。」歐陽修認為，只有那些「控制了中原地區，並且基本上統一天下的朝代」才能叫正統，各種割據的小政權、偏安的小王朝，那都不能算是正統。以此為基礎，他先把東晉南北朝給剔除出正統之外，後來到了晚年重修這篇《正統論》，又把三國和五代也給甩了。

這就從根本上宣布了五德學說的破產。

為什麼這麼說呢？因為按照五德學說，不管是鄒老教授的舊版本也好，還是劉歆大國師的新版本也好，世襲傳承都是一根到底，延綿不絕，中間沒有絲毫結巴的，只有這樣，才能說明王朝的更替確實跟五行相配的五德相關，或者一個生一個，或者一個剋一個。要是中間出現了斷層，那相生相剋的圈子就畫不圓了，自然理論也就說不通啦。

但是我們說過了，為了政治需要，歷朝歷代都沒有按照最完美的模式去推演五德，要麼故意剔掉某個朝代，要麼突然接上好幾百年之前的朝代，五德循環的這塊料子已經被人為地撕成很多破布條了。行，你可以說某些王朝或者國家不算正統，不是正統自然就不配談德性，可你也得在同時代另提出個正統來才行啊，要不然循環就缺了口啦。好比說按照王勃的《千歲曆》，得讓唐朝的土德接上漢朝的火德，可是漢朝都被滅了將近四百年了，你說這都熄了那麼長時間的火，去哪再生出土來？那土不是憑空冒出來的嗎？

——更別說，北魏一開始定的土德，還有契丹遼自己定的水德，就都是憑空冒出來的。

總而言之，王勃之流屬於想一齣是一齣，他們搞不出個真正嚴絲合縫、任何朝代都說得通的系統來；但你要是真想出這麼個系統，那碰上的問題就太多了，話怎麼說都說不圓。

當初鄒老教授的系統很簡單，也就虞、夏、商、周四個朝代，不會有太大問題，劉歆大國師倒是擬了個複雜的，可是一大半都是傳說中的朝代，由得他說嘴，即便跟真實情況完全不符合也沒人能駁。漢朝以後，天下大亂，三分鼎立，然後又是東晉南北朝、五代十國，一代一代地亂，這系統就徹底搞不定了。

當那位歷史不及格的趙垂慶先生要求宋朝接續唐朝的土德，改成金德的時候，官員們就紛紛駁斥，理由是：「五德循環更替，都是緊接著的，不可能有空檔，怎麼可能跳過好幾家王朝，繼承那一百年前的運數呢？」官員們的理論是沒錯，可你要讓他們把秦漢以來一千多年的五德循環都仔細捋上一遍，不留空檔，估計也全得瘋。

所以歐陽修提出了「絕統」概念，說正統是會斷絕的，就此一棍子把五德理論迎頭打翻。他說：「什麼五行輪替，一家衰亡一家興盛，那都是江湖方士拿來騙錢的說法，什麼『王朝興衰都由五德操控的』，這純粹是胡扯！」進而他旗幟鮮明地認為各種天災異變都是自然現象，跟人事徹底無關，讖緯、祥瑞都是瞎聯繫，矛頭直指董仲舒和劉向、劉歆等儒學大宗師，說他們是「胡言亂語，妄測天意」。

所以從《漢書》以來，很多史書裡都夾雜著一篇《五行志》，專門講述種種荒誕不經的奇事，歐陽修在編《新唐書》的時候雖然也被迫將其保留，但只記錄相關事實，完全不跟人事扯到一起，如前所述，對於前蜀那些超級不靠譜的成堆的祥瑞，還狠狠一通冷嘲熱諷。後來再編《新五代史》，既然是他自己一個人幹的，就乾脆不搞這種花樣了。

❶指不被注意的偏僻角落。

❷蝨、賊均為蟲類，後人將之合稱，泛指專吃禾苗的昆蟲。比喻禍害。

典故

惟十有三祀，王訪于箕子。王乃言曰：嗚呼！箕子。惟天陰騭下民，相協厥居，我不知其彝倫攸敘。箕子乃言曰：我聞在昔，鯀堙洪水，汨陳其五行。帝乃震怒，不畀洪範九疇，彝倫攸斁。鯀則殛死，禹乃嗣興，天乃錫禹洪範九疇，彝倫攸敘。初一曰五行，次二曰敬用五事，次三曰農用八政，次四曰協用五紀，次五曰建用皇極，次六曰乂用三德，次七曰明用稽疑，次八曰念用庶徵，次九曰嚮用五福，威用六極。

一、五行：一曰水，二曰火，三曰木，四曰金，五曰土。水曰潤下，火曰炎上，木曰曲直，金曰從革，土爰稼穡。潤下作鹹，炎上作苦，曲直作酸，從革作辛，稼穡作甘……

——《尚書‧洪範》節選

某看天上

《正統論》引發各方論戰，王安石變法更讓五德學說地位直落！

歐陽修寫《正統論》，分析哪些朝代可以算正統，哪些不能算，其核心在於對前人的種種肆意妄為提出詰問。比方說，漢人說秦朝不算正統，因為秦始皇不修禮樂，並且嚴刑峻法，那麼歐陽修就問了：秦國不是從秦始皇開始的，那麼，既然不因為桀、紂狂暴而把夏、商都排斥掉，憑什麼因為秦始皇一人的狂暴，就要閹割了秦朝呢？

再比如說，有人認為東晉是正統，歐陽修就反駁說，東周接替西周為正統，那是對的，因為周平王本來就是周幽王的太子，而且周朝雖然東遷，天下動亂，但沒有別人敢於樹立新的天子權威。可是東晉呢？晉元帝司馬睿壓根兒就不是正牌繼承人，只是妄自稱尊的一鎮藩王而已，而且中原到處都是篡僭，他都不敢討伐，有什麼資格稱為正統？

還有人認為北魏是正統，歐陽修又反駁說，北魏不過是篡僭的夷狄，哪配稱正統呢？

所以說了，東晉南北朝的時候，東晉也不是正統，北魏也不是正統，那時候根本就沒有正統，即所謂「絕統」。正統有時而絕，不是一朝緊接著一朝的，那麼五行相勝，隋朝勝了哪個正統？五行相生，隋朝又從哪個正統裡生出來？純粹胡扯嘛。

歐陽修這篇《正統論》一出來，立刻輿論譁然，各派閒人紛紛起而辯論。首先有章望之寫《明統》來跟歐陽修商榷，後來蘇軾也寫《正統論》——哪個朝代算正統，哪個朝代算「霸統」、「偏統」、「竊統」，等等。一系列詭異的名詞全都出爐，一直爭論到清初的王夫之。可是他們大多是在討論歷史問題，沒跟著歐陽修繼續對五德學說下刀子。

相反，還有某些人藉著論正統，繼續哄抬五德。比方說跟歐陽修同為散文大家、推動古文運動的尹洙，他就曾經說：「天地有恆定的方位，曆法有恆定的參數，社稷有恆定的君主，人民有恆定的信奉，所以所謂君主啊，必須配合天地方位和曆法參數。」這還是在說人事跟虛而又虛的所謂天意、運道、曆法有關聯。

跟歐陽修一樣是歷史學家、曾幫忙修過《新唐書》的張方平則寫了《南北正閏論》，說：「凡帝王興起，必然要接受上天的符讖，按照正道更改名號，定下大一統的制度，推算曆法以應合五德……」話裡的意味就更明顯了。

張方平對於東晉南北朝，是堅持以北魏為正統的，對於歐陽修的發問，他回答說：「夷狄又怎麼了？夷狄入中夏便是中夏。想當初夏禹出自東夷，周文王出自西羌，得了天下以後，不都變成正統了嗎？為什麼北魏就不能算呢？況且，漢朝把秦朝當閏統，直接繼承滅亡了近七十年的周朝，以此推論，北魏也可以繼承滅亡了七十年的西晉嘛……」

好吧，他這會湊時間來了。按照張方平的說法，正統是不會斷絕的，但是有可能靠個「閏」來過渡，只要這麼過渡一下，五德自然就接上了——左右不過六十多年，長乎哉？不長也。

真正的大地震是從王安石開始的。我們知道，王安石輔佐宋神宗搞變法，他的變法對與不對、成或不成，暫且不論，我們要說的是，變法運動在當時遭到了保守派的瘋狂攻擊，而保守派所利用的一大武器就是與五德聯繫緊密的天災異相。

一旦碰上點什麼風吹草動，保守派就會跳出來說：「你瞧，老王又惹老天爺不高興啦！」彷彿他們執政的時候就風平浪靜，不發大水，不鬧旱災，連流星都全藏了起來不敢見人。

對於保守派的這些論調，變法派當然要加以駁斥，於是他們針鋒相對地堅持說天災都是自然現象，跟人類的吃喝拉撒睡根本就沒有必然聯繫。王安石本人就曾經說過：「天變不足畏，祖宗不足法，人言不足恤。」意思是不管天象有什麼變異，祖宗有什麼成法，士大夫有什麼反對意見，我全當他放屁，我行我素，不撞南牆不回頭。

這話實在太狂了，後人就有評價說，你老兄什麼都不怕，都不在乎，那權力靠什麼來制約？做好做壞靠什麼來評判？不過由此也可反推出來，當時反對變法的人主要是用所謂「天變」、祖宗成法以及百姓的抗拒心理來扯王安石後腿的。

雖然最後王安石變法失敗了（他那麼狂，不失敗也難啊），但經過這麼一番論戰，更準確點說是經過這麼一番折騰，五德學說不禁元氣大傷，在士大夫心目中的地位也直線下降。

可雖然直線下降，但還沒到如同過街老鼠一般人人喊打的地步，理由很簡單，因為統治者還用得著啊。比方說，南宋那位理學大宗師朱熹對於正統的觀念跟歐陽修很相似，只不過他不說「絕統」而說「無統」罷了，只不過歐陽修在三國問題上尊曹魏為正統，朱熹尊蜀漢為正統罷了，教學大綱差不太多，只是在劃重點上有點分歧。

但是朱熹並不反五德，他的學生沈僩曾經直截了當地問他：「五德相生相勝的兩種說法，歷朝歷代建國的時候都不廢除，真的有道理嗎？」朱熹回答說：「應該是有道理的，只是從前那些推算五德的傢伙都沒有算對。」可到底怎麼樣才能算對呢？朱熹卻沒明說。

他還有一個弟子，名叫金去偽，也問過類似的問題，朱熹回答說：「萬物都離不開五行，所以五德的說法也就肯定有道理。為什麼算不對呢？主要是因為遠古的那些事情，經書上都記載得太過簡略。」金去偽又問了：「那麼五德循環，不知道是相生對呢，還是相剋對呢？」朱熹明確地指點他：「相生對。」

朱熹本人是很唯心的，所以不可能破五行，也不可能破五德。他唯心到了什麼程度呢？比如關於天上星辰是左旋還是右旋的問題，歷代搞天文的專家都在反覆觀測、計算和爭論，但到了朱熹這，簡單一句「某看天上」❶，沒別的理由，就把右旋說一棍子打倒。所以對於五德也是如此，朱熹光說有道理，可偏偏就不告訴你道理在哪。

總而言之，五行是五德的基礎，所以一個人只要相信陰陽五行，那就不可能不信五德，不先破了陰陽五行，五德學說仍然是有根之草（雖然這根本身就有問題），不可能忽然之間就灰飛煙滅。

❶出自《朱子語類・理氣下・天地下》，段落節錄如下：「問天道左旋，日月星辰右轉。曰：『自疏家有此說，人皆守定。某看天上日月星不曾右轉，只是隨天轉……』」。

典故

夫帝王之作也，必膺籙受圖，改正易號，定制度以大一統，推歷數以敘五運，所以應天休命，與民更始。

西晉之亂，九區分隔，琅琊播遷於江左，實紹金行。拓跋奮起於雲方，奄居神縣。蓋五郊禋祀，南北不可並享，三統相承，正閏宜歸一致，今夫以晉為閏耶？未聞革命所傳，以魏為正耶？實匪中華之舊，大興之兆，決誰處之。夫晉之渡江也，遺中服之雅俗，據吳人之舊土，齊梁之後，風教蕩然，危弱相承，禮刑不立，五代四姓，浸微以滅，上無所授，下無所歸，雖欲正之，人誰適從。且夫商盤庚之遷亳，周平王之都洛，不出王畿之內，如歸別館之中，兆庶實從，不失舊物，比夫身居藩翰，觀望本朝，進不扶危，退而正號，非同論也。至如太伯之奔勾吳，不得謂之姬矣，昭烈之興巴蜀，豈可以為漢哉？魏氏先實漠北，控弓朔、代，南平燕、趙，遂通秦、涼，出令作法，變風遷俗，天地有奉，生人有庇，且居先王之位，宅先王之國，子先王之人矣。則是夏禹之出東夷，文王之祚西羌，爰集大命，以撫方夏。詩書所載，謂之何哉。前世大儒斷南北之疑者，所以正魏也。或曰二帝三王，應天承運，必謳謠之先歸，故人神而協贊，秦遷周鼎，漢受秦降，雖仁暴不同，亦傳授有所。元氏起於參合，踐食上國，謂之受命。晉祀實存，謂之中國，則劉聰僭據，乃陶唐之冀方；苻秦所都，實宗周之咸、鎬。若其審定王居之次，推考生勝之法，偏閏相承，夫何足尚。曰，劉、石、苻、姚世祚短淺，欲正其名，無名可正。魏之霸業，肇自皇始。典法明著，成於太和。內無強臣，孰與蘇、桓之逼。間有中主，未若宋齊之季。雖末世爾朱之變，而建康易三姓矣。

唐以土承隋，隋以火繼周，周以木變魏，魏以水而紹金。昔漢祖之正號也，去姬氏之滅幾六十年，閏霸秦而繼周，著為火德，識者以為得天統。魏氏之推曆也，去愍懷之亡亦六十年，捨四僭而踵晉，定為水行，議者以為當正位。推晉而上，至於伏犧氏出震而王天下也，帝王之大統明矣。謹論。

——《南北正閏論》

金人偏偏是土德

漢人冷落五德，金人倒是十分熱衷，更用五德裝文化、偽正統。

老話說：「牆裡開花牆外香。」五德學說雖然逐漸在漢人王朝受到一定冷遇，但東方不亮西方亮，它卻被少數民族們相中了——少數民族們要假裝有文化，假裝是中華正統，那麼拿這套華而不實、神神祕祕的理論來塗脂抹粉，那真是再方便不過了。

契丹遼前面說過了，下面再來說說西夏。西夏是黨項族在宋初建立的國家，國王的老祖宗原本姓拓跋（是真是假不好說，不過基本上跟北魏拓跋氏沒太大關係），後來受唐朝賜姓李，又受宋朝賜姓趙，到了元昊的時候乾脆自立，而且還新定了一個國姓，叫作「嵬名」。跟契丹遼一樣，所謂「西夏」是後人對他們的稱呼；所謂「大夏」是他們跟中原王朝打交道的時候假裝華夏正根而起的漢名；他們稱呼自己的時候，用的可是「大白高國」或者「大白上國」。

那麼西夏有德性嗎？也有。當時在中國大地上其實共有四個國家，北邊是契丹遼，中央是北宋，西北是大白高國，西南有大理，再往西青藏高原上還有吐蕃諸部，但不算一個完整的國家。除了大理外，其餘三國都有德。其實從「大白高國」這個名字就可以猜出來了，白是金之色，所以西夏是金德，尚白。有趣的是，幾百年前赫連勃勃的大夏，其統治中心跟西夏很接近，名號也雷同，竟然連德性也一模一樣，西夏是不是跟他們學的呢？這可還真不好說。

說完西夏，再來說說女真族建立的金朝。女真生活在白山黑水之間，他們跟契丹人不同，不是遊牧民族，而是漁獵民族，曾經一度臣服於契丹遼，後來一看契丹政權日益腐朽，於是首領完顏阿骨打乾脆扯旗造反了。契丹遼的中後期，女真又叫女直，為什麼叫女直呢？原來契丹遼有一位皇帝大名叫耶律宗真，他一聽怎麼著，有個部族竟然也敢叫「真」，犯了老爺我的諱了，這還了得？於是就刪掉女真的「真」字下面那個「八」，給改名女直了。

話說女真族剛起兵的時候，那真是哆哆嗦嗦、膽戰心驚，生怕打不贏契丹遼的百萬大軍，還著急派人去跟宋朝接上了頭，商量著南北夾攻。誰想那時候契丹政權真是爛到根了，護步達岡一戰，女真兩萬人馬竟然完勝契丹七十萬大軍。隨即女真軍大踏步前進，很快就滅掉了契丹遼，並且順帶把北宋也給滅了。宋康王趙構一路南逃，最後終於暫且在今商丘站穩了腳跟，建立起了南宋。

女真族建立的金朝，幾乎是一轉眼就拿下了黃河流域大片漢土，而且他們沒搞契丹遼的兩部制，所以漢化速度超快。滅遼的時候，完顏阿骨打年歲已經很大了，在前線帶兵打仗的大多是他的兒子、侄子，這票小夥子都前後腳起了漢名，什麼完顏宗望啊、完顏宗翰啊、完顏宗弼啊。女真大太子是粘罕，四太子是兀術，這是本名，粘罕就是完顏宗翰，兀術就是完顏宗弼。

不僅是宗室將領們，就連皇帝都起漢名——初代太祖完顏阿骨打又叫完顏旻，二代目太宗完顏吳乞買又叫完顏晟，三代目熙宗完顏合剌又叫完顏亶，四代目海陵王完顏迪古乃又叫完顏亮，五代目世宗完顏烏祿又叫完顏雍……完顏亮和完顏雍都是超級漢化分子，寫詩作文，跟漢族士大夫沒什麼不同，尤其完顏亮還把都城從上京會寧府給遷到了燕京析津府，也就是今天的北京市，正式待在漢地而不是女真族的東北老家了。所以五德之類的玩意嘛，就算幾個老祖宗想不搞，這兩位也一定會大搞特搞一番的。

大定三年（西元一一六三年）年底，金世宗完顏雍舉行「臘祭」，也就是在臘月裡打獵，並且搞祭祀把獵物奉獻給祖先，他就此正式下詔，定德性為金德。兩年以後，他又跑去長白山封山祭祖，冊文裡就明確說了：「厥惟長白，載我金德。」

這事不能想當然。金朝取名為「金」和定下金德之間並沒有必然的聯繫。前面說了，契丹族出於遼水，所以漢式國號叫「遼」，女真族也一樣，因為老家「按出虎水」在女真語裡就是「金水」的意思，所以就定國號為「金」。另外還有一種並不很靠譜的說法，是說完顏阿骨打認為契丹的意思就是鑌鐵，可是鑌鐵雖然硬，總會生銹，不如金子來得萬年不朽，所以就定名為「金」了。

因此，女真族建國就叫金國，跟五德學說完全無關，那時候他們才剛從深山老林裡摸出來造契丹遼的反，估計就沒人知道什麼五德，更別說生剋了。估計是隔了好多年以後，他們中原花花江山也坐穩了，大票漢族文人也當了官，終於有人想起來五德這件事，就去跟完顏雍請示德性。完顏雍一琢磨，我國就叫金，又喜歡穿白衣服，那還用問啊，這是老天爺預示該是金德啊，行，就這麼定了吧，多簡單，多省事。

金朝這個金德是望文生義，憑空捏造出來的，沒法塞進五德循環裡去。你想啊，要是從契丹遼算，遼是水德，水生木，土剋水，要是從北宋算，宋是火德，火生土，水剋火，都不關金什麼事。

所以到了金章宗完顏璟的時代，金朝群臣就針對本朝德性爆發了一場大辯論，而且比前朝哪一回都更熱鬧——真奇怪，似乎每一次關於德性問題，討論得最熱鬧的都是少數民族政權，比如上回在北魏也是，吵得極其華麗。

在這場大辯論中，主要派系分為三個：一派主張繼承宋朝的火德，火生土，我們得是土德；一派主張繼承契丹遼的水德，水生木，我們得是木德，理由很簡單，遼、金都是打北邊來的，算一家子嘛；還有一派最奔放，痛痛快快地建議說連北宋帶五代全不要，我大金直接繼承唐朝的土德，為金德吧。其實這第三派既可以說是奔放，也可以說是保守，那意思是別改德了，只要找出瞧著還比較合適的理由就得。於是乎，這一竿子就跳過去二百來年——還好，還沒打破王勃三百九十多年的世界紀錄，到底是少數民族啊，在敢想敢噴方面怎麼也比不過中原的士大夫。

對於這三種意見，金章宗表面上全都予以考慮，由得你們各自分說理由，其實心裡早就意有所屬了。他支持第一種意見，讓金朝繼承宋德，改德為土。根據專家分析，這位元金章宗已經漢化得相當深了，是個「哈中」的「大鳳梨」——皮黃裡面更黃。所以覺得只有北宋才算系出正統，是真真正正的中國王朝，必須得從它那繼承德性才行。

於是到了泰和二年（西元一二〇二年），金章宗終於下詔，正式宣布把德性改為土德。以後不再穿白褂子了，改穿黃馬甲。

可是隔了才十來年，到金宣宗的時候，突然又有人引發了新的辯論——這金朝君臣想來是開會開上癮了——這一回上疏的是遼東宣撫副使完顏海奴。據說完顏海奴手下有一個叫王澮的漢人官員告訴他，大金朝的祖先乃是上古聖君高辛氏，是黃帝的後裔，又說本朝剛興起的時候，旗幟都是紅色的，因而完顏海奴就請示金宣宗，我們是不是應該尚火德啊？

對於這類瑣事，金宣宗還是很民主的，把群臣全都叫來，讓大家商量一下，評評這個建議怎麼樣。於是又一位漢人大臣張行信站出來了，他一臉無奈地跟金宣宗解釋：「陛下啊，我都被這群沒學問的廢物氣得沒脾氣了。按照《始祖實錄》，我大金是從高麗而出，跟高辛光沾著同一個『高』字，八竿子都打不著啊。再說了，就算大金系出高辛氏，高辛是帝嚳，按五行排出來是木德，怎能是火德呢？想當年太祖是因為完顏一族尚白，又瞧中了金子的性質穩固，所以才起國號為『金』，跟德運沒有關係。本朝的德性是到了章宗時代才算議定為土的。那個什麼王澮一沒學問二沒人品，我們還是別搭理他為好。」

從這兩次爭論就可以瞧得出來，金人對五德之說有多麼熱衷了。

就這一個也像太醫

忽必烈決定做一回中國皇帝，國號跟德性就從《周易》取！

金章宗是泰和二年定下的土德，可是僅僅四年以後，在金國境內就冒出了他的掘墓人——西元一二〇六年，蒙古族的鐵木真在斡難河畔大會草原各部，自稱「成吉思汗」。從此蒙古鐵蹄踏破歐亞大陸，建立起了一個龐大的帝國，無論是剛改了土德的金朝，還是仍然延續火德的南宋，最後全都被蒙古給滅了。

西元一二七一年，那時候南宋還在苟延殘喘著沒有滅亡，鐵木真的孫子忽必烈正做著蒙古大汗。不過他這個大汗是虛的，老家草原部族，還有西邊先後建立起來的四個汗國全都不怎麼聽話，他真正能夠控制得住的疆域還是中原漢地。既然如此，忽必烈就琢磨著，不如改個漢式國號，搖身一變當中國王朝得了，老子也乾脆做一回中國皇帝。

那麼，起個什麼漢式國號才好呢？忽必烈就向他的大參謀劉秉忠問計。這位劉秉忠可了不得，他上通天文，下知地理，學識淵博，乃是「順德學派」的資深博士後。「順德學派」又叫「邢州學派」，是一票漢族士人自發組成的一個學術團體，除劉秉忠外還包括張文謙、張易、王恂、郭守敬等人。跟傳統的儒士不同，他們喜歡研究科學技術，在天文、數學、水利工程、土木建築方面全都取得過很多重大成果。郭守敬測量過子午線，編制過《授時曆》，開鑿過運河，這是大家都知道的事情；劉秉忠呢，他幫忽必烈建造過大都城。

且說劉秉忠領了忽必烈的課題，回去狂翻古書，最後從《周易》裡找到一句「大哉乾元」，意思是天道真是太浩瀚無垠啦，覺得這句子很棒，意思超級吉祥，於是建議就取這個「元」字，定國號為「元」吧——元朝就這樣建立起來了。

其實除了「大哉乾元」之外，「元」這個國號還有更深遠的意義，也跟五德學說相關。要知道，金朝是被元朝的前身蒙古帝國攻滅的，金屬土德，五行相生，土生金，所以元朝該是金德。八卦配五行，乾、兌屬金，震、巽屬木，坤、艮屬土，離屬火，坎屬水，所以這個尚金的新王朝才會使用「大哉乾元」當吉祥話。元世祖忽必烈改國號的時候，詔書裡有一句「握乾符而起朔土」，說的就是這個意思。

——順德學派最講科學，可是那個時代科學是跟迷信攪和在一塊的，比方說建築學就跟風水如膠似漆，天文曆法那更是沒話說。要是光能望天觀星，卻說不出對應什麼人事物來，大家都得當你是野狐禪❶。所以順德學派這幫人，包括劉秉忠、郭守敬全都神神祕祕的，忽必烈基本上把他們當國師用。

蒙古帝國定國號為元的時候，南宋正處於咸淳七年，還在苦苦支撐，所以兩朝從五德上來論，還是誰也生不著誰，誰也剋不著誰。然而八年以後，元將張弘範滅宋於崖山，問題立刻就凸顯出來了——宋是火德，火剋金，和現實正好相反。後來元朝大力禁止圖讖之說，也不知道是不是怕被人瞧出這個破綻來。

這事要擱到別的朝代，早該開會研究改德了，然而蒙古人都是倔脾氣，死活就是不改——我就金德怎麼了？金被火剋又怎麼了？火德的宋朝還不是被我給捏掉了？西元一二九四年，忽必烈駕崩，傳位給孫子鐵穆耳，也就是元成宗，元成宗才剛繼位，就有個叫洪幼學的南方人跳出來起鬨，結果遭到暴打——這位洪幼學究竟說了些什麼，史書上沒記，光說他「妄言五運」，估計就是建議改德來著，然後可恥地失敗了。

可惜那些住在元大都的「北京元人」們猜得中這開頭，卻猜不中這結尾，就在他們還美滋滋的時候，真正剋他們的火德悄然而生——那就是明朝。

元朝是一直沒改德，可是德性為金，也就忽必烈那時嚷嚷了一嗓子，此後再也沒人提起過。為什麼呢？因為跟契丹遼和女真金不同，蒙古人入了中原，壓根兒就沒想著漢化，忽必烈倒是一度有過打算，可自從順德學派的博士後們以及他們教出來的非常漢化的太子真金都掛了，忽必烈就整天被一群色目❷收稅官們包圍著，再也不提漢化這件事了。五德是漢人的學說，元朝除了朝代名外，其他方面根本不打算漢化，誰還有閒空去搭理五德啊。

所以等到明朝建立，尚了火德，再去研究元朝是什麼德性，大多數人是兩眼一黑，完全搞不明白。明朝人甚至還有以為元朝是水德的——要不怎麼能滅了宋朝的火德呢？那必然是水剋火啊。明朝中期有個叫何喬新的詩人就堅持這種說法，據他說曾經聽老輩人提起過，當忽必烈攻滅南宋的時候，產生過一則水枯竭而火生發的讖謠，因為「元朝是水德，宋朝是火德，所以繼承元朝水德而興的，乃是趙宋的後裔啊」。

這話反了吧，你可以說元朝繼承趙宋而興，怎麼能說趙宋後裔繼承元朝呢？這就又得提到一個極度不靠譜的傳說了。且說西元一二七四年，宋度宗駕崩，傳位給次子，也就是後來的宋恭帝。這位宋恭帝繼位才剛滿一年多一點，年僅六歲，元軍就殺到了臨安城下，於是他祖母太皇太后謝氏就抱著他投降了——南宋還沒有亡，大臣文天祥、張孝傑、陸秀夫等人擁立別的皇帝，又堅持抵抗了三年。宋恭帝倒是沒被忽必烈處死，而被封為瀛國公，好好地給養了起來，養到十九歲，忽必烈突然發現這孩子對佛教很感興趣啊，乾脆送他去了西藏薩迦寺，剃度為僧，法號合尊。

以上都是正史，下面就是據說了——據說元朝西北方有一位回族郡主，姓罕祿魯，名叫邁來迪，非常崇敬佛法，曾經前去西藏朝聖，也不知怎麼的，就跟那位原本的宋恭帝、瀛國公，現在的合尊和尚對上眼了，於是佛法也不顧了，戒律也不管了，兩人迅速好上了，回族郡主也有了身孕。時隔不久，有個叫和世的元朝皇子跑去西北打獵，一眼就相中了邁來迪郡主，娶來當了老婆，郡主隨即生下一個兒子，取名叫妥懽貼睦爾。過了幾年，和世當上了皇帝，就是元明宗；又過了些年，妥懽貼睦爾也當上了皇帝，就是元朝末帝元順帝。

所以說，其實元順帝壓根兒不是蒙古人，而是漢回混血，他也不是正經的鐵木真子孫，血管裡其實流著的是趙宋皇家的血哪！

這也夠不靠譜的，估計就是南宋遺民造出來的謠言，可這還只是源頭而已，後來這故事越編越遠，越編越邪門。另一種說法，瀛國公還沒去西藏呢，暫時寄居在甘州一座小廟裡，突然來了一位趙王（按年代算應該是阿魯禿，也不知道對不對），瞧這小和尚挺孤單的，就留下個回族女子侍奉他。後來這回族女子十月懷胎，才剛臨盆，趕上和世打附近經過，瞧見寺廟上有五色祥雲，彷彿龍形，就打聽了：「這廟裡有什麼好東西？」從人回答他沒有，也就瀛國公的小妾剛生了個孩子。和世也不知道怎麼的一時腦熱，竟然「大喜」，當即把那孩子認作養子，連孩子帶母親全都給帶走了……。

據說（又是據說），後來明朝建立，有一回明成祖朱棣觀賞歷代帝王像，先看宋朝皇帝，笑著說：「從宋太祖以下，雖然都是大鼻頭，倒也相貌清秀，跟老子宮廷裡那些太醫似的。」再看元朝皇帝，一個比一個魁梧，朱棣評價說：「這都是吃綿羊肉吃的。」可是等到最後瞧見元順帝的畫像，他就奇怪了，問身邊人：「為什麼這一個也長得像太醫呢？」

這最後一個故事是誰傳出來的？正是自稱挨了朱棣詢問的傢伙，此人名叫袁忠徹，乃是明朝初年第二有名的面相大師——排第一的是他老爹袁珙袁柳莊。這一家子的算命先生，他們說的話真能信嗎？

還用你說，真的很多明朝人都信了。不光明朝人信，就連清代的歷史學家萬斯同、趙翼，還有近代大學者王國維，他們全都信，還到處翻資料找證據，拚了老命也要證明確實水枯竭而火生發，元朝的江山最後還是回落到了趙家手裡。

❶出指外道，異端，妄稱開悟而走火入魔之人。

❷元朝將人民分階級制，名為「民族四等級制」，最上等的蒙古人，其次是色目人，接著是漢人，最後是南人。但並非單純以種族劃分，而是有詳細的分類。

典故

此詩敘元順帝為瀛國公之子，乃閩儒余應所作也。其詩有「壬癸枯乾丙丁發」之句，蓋壬癸為水，丙丁為火，元以水德王，而宋以火德王也。又云「西江月下生涯終」，故老相傳，順帝北遁，殂於應昌，倉猝取西江寺梁，以供梓宮之用。梁間隱隱有字，亟視之，乃《西江月》一調，有「龍蛇跨馬亂如麻，可汗廝在西江寺下」之句。或云太保劉秉忠所作，故應云爾也。考之於史，瀛國公以德祐丙子降元，時年六歲，後十有二年，為至元戊子，瀛國公學佛法於吐蕃。又二十八年為延祐丙辰，仁宗遣明宗出鎮雲南，明宗不受命，逃之漠北，其與瀛國公締交，蓋在此時也。妥懽貼睦爾，以元統癸酉即位，是為順帝，其生年十四，其當在延祐庚申，上距丙子凡四十四年。而瀛國公年始五十矣，應之詩或有征也。史又雲，文宗以乳母失言，明宗在日，素謂上非其子，黜之江南，召奎章閣學士虞集，書詔播中外，而不言順帝為何人之子，蓋諱之也。予年二十時，赴江西鄉試，於館人家見古樂府一帙，內有《沙漠主》一篇，云楊廉夫所作。予方從事科舉之業，不暇錄，但記其篇末句云：「吁嗟乎，鳳為鳩，龍為魚；三百年來龍鳳裔，竟墮左衽稱單于。」又識其後云：「宋太祖之德至矣，肇造帝業，不傳諸子而傳諸弟。太宗負約，金人之禍，舉族北遷，而太祖之末孫復紹大統，有江南者百餘年，為元所滅。而瀛國公之子，陰纂元緒，世為漠北主，天之報太祖，一何厚哉！」其言頗與應合，近考《鐵崖樂府》無此篇，豈出於假託耶？抑有所遺耶？新安程克勤錄此詩示予，因具疏予所聞見者以廣異聞云。

——《跋閩人余應詩》

明朝三重火

明朝論尚色不宣布德性，皇帝、臣子的話語裡卻露出了端倪。

元朝末年，紅巾軍大起義，因為紅巾軍尚火德，火色為紅，所以他們就往頭上裹紅巾。不過這跟火剋金沒什麼關係，紅巾軍只是隨了宋朝的德——他們一直打著「復興宋室」的旗號，最早起事的韓山童就曾自稱是宋徽宗八世孫。

可韓山童造反沒多久，局面還沒打開，就被元軍殺了。他的老朋友、好幫手劉福通繼續扛大旗，在西元一三五五年占領亳州，建立政權，國號就叫「宋」。劉福通讓韓山童的兒子韓林兒做了皇帝，號為小明王，可這位小明王始終沒有恢復傳說中的趙姓，可見所謂宋徽宗多少世孫云云全是瞎扯。

當時滿中原到處都鬧紅巾軍，最終顛覆了元朝政權，可勝利果實卻被一個和尚加乞丐出身的傢伙給竊取了，那就是朱元璋。西元一三六八年正月，朱元璋在應天府（也就是今天的南京）稱帝，建立明朝，然後到了八月份，明軍就攻入大都城，把元順帝給趕回草原上去了。明朝的德性接續紅巾軍，也是火德，據說，「明」這個國號就代表了「三重火」。明是漢人王朝，漢朝是火德，稱為炎漢，這是一重；明朝天子姓朱，朱就是紅色，紅色屬火，第二重；「明」字拆開是日月，「日者陽之極也」，日配朱色，又一重火。

然而這只是民間說法，事實上並沒有資料證明明朝政府曾經正經宣告過德性。洪武三年（西元一三七〇年），朱元璋下詔，讓大臣們研究一下尚色的問題，於是禮部就表態了：「我們考究歷代的尚色，夏朝尚黑，商朝尚白，周朝尚赤，秦朝尚黑，漢朝尚赤，唐朝服裝尚黃，旗幟尚赤，宋朝也尚赤——看起來尚赤的比較多，我們應該也尚赤。」朱元璋大筆一揮，准了。就連相關尚色這種問題都沒把德性扯進來，由此可見一斑。

洪武七年（西元一三七四年），朱元璋給北元（元順帝北逃後的政權）寫信，信裡有「今我朝炎運方興」的句子，說明他自己認為明朝應該是算火德的，但是經過宋人那麼一折騰，再經過元朝那麼一不理，他也就不把德性當太重要的事，覺得大家明白就好，不用專門下詔書明說。果然，明朝的士大夫對於這點是心裡有數的，動不動就提「太祖以火德王」，而至於這火德有沒有官方的告示，有沒有繼承的說明，卻沒人真的想關心。

就朱元璋本人而言，他是非常迷信的，尤其相信陰陽五行，所以建立在陰陽五行基礎上的五德，他不可能不加理會，只是懶得正式公告而已。他怎麼信五行呢？其實這從明朝皇帝的名字上就能瞧得出來。

朱元璋是第一代皇帝，他的兒子們，包括朱標、朱樉、朱棣、朱權等，全是木字邊，而第三代包括朱允炆、朱高熾、朱高燧等，名字的第二個字全是火字邊——都有五行的影子。不僅如此，後面歷代子孫的名字，朱元璋也事先規定了得跟五行挨著，一代是一行，永遠不混亂。

所以看吧，洪熙以後是宣德皇帝朱瞻基，土字底；然後正統皇帝朱祁鎮、景泰皇帝朱祁鈺，金字邊；然後成化皇帝朱見深，水字旁；接著弘治皇帝朱祐樘，繞一圈又回到了木字邊；正德皇帝朱厚照，四點底是代表火，同輩的嘉靖皇帝朱厚熜也是火；隆慶皇帝朱載垕是土；萬曆皇帝朱翊鈞是金；泰昌皇帝朱常洛是水；天啟皇帝朱由校和崇禎皇帝朱由檢是木。不僅僅皇家正根，包括歷代的藩王全都如此，從第二代開始，木、火、土、金、水輪著來，只可惜才轉了兩輪，第三輪剛起個頭，明朝就沒了。

所以說，雖然沒有正經宣示天下，但不能說明朝沒有德性。可是也正因為老朱家自己啞巴吃黃蓮——心裡有數，卻不肯明說，所以這德性的根基不穩，總有人琢磨著翻案。原因何在呢？原來明朝人論正統的時候，並沒有把蒙古貴族占據中原那一段給剔除出去，仍然把元朝算在正統王朝之內，朱元璋雖然在北伐的時候打出「驅逐韃虜」的旗號，可是轉臉卻又說「本朝不是靠著滅元，而是靠著滅盜賊（指包括紅巾軍在內的南方漢人割據勢力）起家的」。當時靠道德取天下的虛偽說法已經深入人心，暴力可以搞，但是不能說，所以他要假裝自己是正正常常、順順當當、和和平平地從元朝手裡接過的天下大權。

可是這麼一來，明朝的火德就說不通啦。既然元朝是正統，當然不能一腳踢開，卻去延續更前面宋朝的火德——況且你家又不姓趙，國號也不是宋，怎麼直接延續？而既然是和平繼承了元朝的正統，那麼也不能扛出火德來剋元朝的金德。所以等到了明朝中葉，就難免又冒出很多喜歡翻古書的傢伙來妄圖翻案。

可這個時候五德學說已經不再深入人心了，讀書人要麼當它是奇幻設定，不值一提，要麼當它是面子功夫，懶得多理，剩下那幾個有興趣的閒人，學問未必夠扎實，提出來的新說法也就難免莫名其妙、前言不搭後語。當時最流行的說法是，明朝算土德，火生土，這乃是撇掉元朝，直接繼承宋朝的火德。弘治朝有個叫羅玘的人就說「國家以土德王」，萬曆年間張養蒙撰寫《五德之運考》，也說：「我朝受命於天，有人說尚火德，有人說尚土德，並沒能討論出個結果來。」

不管尚火還是尚土，總而言之，在「五行相生」而非「五行相勝」的前提下，他們都是把元朝給一腳踢開了，朱元璋說自己和平繼承了元朝正統的事，後來再也沒人提起過。這跟當年劉歆大國師的理論很相似，因為元朝跟秦朝一樣都不肯以德治國，所以算「閏統」，是多出來的朝代，雖然不能否定它存在過，但可以假裝瞧不見。

今天再來研究五德這門奇幻設定，很多人就說啦，在王莽篡漢之前，大家是採用的五德相勝也就是相剋的說法，王莽到元代，是採用的五德相生說法，元代以後，又重新恢復到五德相剋的說法。其實這都是事後諸葛，力求把體系搞圓，於是糅合了鄒老教授和劉歆大國師的新舊兩派說法於一爐。當時的人可不這麼想，自打劉歆大國師新體系出爐以後，相生說就占據了絕對主流，就連理學大宗師朱熹都明確說了「相生對」，那麼理學大氾濫的明、清兩朝，誰還敢跟他對著幹啊？

都到這個時候了，還拿相剋說事的，大多是些沒文化的大老粗，他們光知道相剋了，不知道相生算什麼玩意。這是因為當時占統治地位的儒家文化人比較要臉，不崇尚明著玩暴力而崇尚暗中下刀子，所以表面上溫文爾雅，只說相生；老百姓的思路則比較單純，你完蛋了而我雄起了，那自然是我剋了你呀。天公地道，簡單乾脆。

再加上明朝這個火德的來歷本就有點莫名其妙，既不是為了剋元朝的金，也不是為了繼宋朝的火，而純粹是打「宋朝—紅巾軍—明朝」這麼一脈相承下來的，換朝不換德，所以也給普通百姓造成了誤解，以為五德相剋才是正根。於是乎，等到明末，按照慣例，火生土，下一朝應該是土德才對，可是先後興起的兩個政權卻全都不理不睬，直接改玩了相剋。

落幕前的沉渣泛起

大順朝以五行相勝說宣布為水德，竟尚不在五行對應的藍色！

西元一六四四年正月，流寇頭子李自成在西安稱王，國號大順，年號永昌，接著他就領兵直取北京城，明朝末代皇帝崇禎跑到煤山上找了棵歪脖子樹，一繩子吊死了。隨即李自成就在北京自稱皇帝，也開始玩弄起了德性。

那麼，這個大順朝該是什麼德呢？要知道那時候李自成手下讀書人不多，也就李岩、牛金星、宋獻策這哥兒仨，其中李岩和牛金星是正經明朝讀書人，對五德這類說法愛理不理，宋獻策可是算命的出身，最喜歡搞陰陽五行了，可思維還純粹是底層百姓那套似是而非。所以他們就扔掉了沿襲千年、被讀書人尊為王道的五德相生說，重新撿起了滿是灰塵的五德相勝說，宣布大順朝是水德，水剋火，所以才能滅掉明朝。

水德就水德吧，我們知道，水德尚黑，所以大順軍都應該穿黑色警察裝。可是也不知道李自成從哪本地攤文學上瞧見的，居然以為水德尚藍，於是乎滿朝文武就都變成了藍精靈，真是奇哉怪也。

不過也有一種可能性，當時印染技術已經很發達了，就連老百姓都能穿得上彩色衣服了，而不僅僅黑白兩色。過去有個詞叫「白衣」，就是指沒有功名的平頭百姓只能穿素色衣服，等有了點小功名做了秀才就能穿藍衫——這種規定往往在王朝初興的時候管得比較嚴，等到王朝繁盛，繼而衰敗，也就沒人把規定當一回事了，所謂「逾制」的現象比比皆是。總而言之，沒功名的平頭百姓也有很多穿藍衫的，而李自成那夥鄉下土包子眼裡的大老爺們（也就一群鄉紳啦）自然更是藍汪汪，所以他們瞧著藍色挺好，也就紛紛地全都穿藍，並且一口咬定，這就是水德的顏色。

其實論起五行所對應的顏色來，藍色根本就沒有位置。所謂青龍、白虎、朱雀、玄武，這裡的「青」不是「湛湛青天不可欺」的「青」，而是「綠水青山帶笑顏」的「青」，換言之，是綠色，東方神獸是條綠龍而不是藍龍，所以才對應了五行中的木行。木行在東，水行在北，對應的神獸是「玄武」，也就是一隻龜加一條蛇，玄就是黑，劉邦當年祭的黑帝就是北方天帝。大順朝的尚藍，根本是沒文化的江湖騙子在瞎搞。

而且，這個奇哉怪也的藍色大順朝也僅僅維持了一年多，就被吳三桂勾引關外的清政權給滅掉了。

話說清朝原本國號叫金，因為太祖努爾哈赤是女真人，於是就接著前代女真族建立的金國，起了同樣的名字。其實清朝的女真跟金朝的女真並不是一碼事，金朝建立以後，正經女真人大多已經南遷、漢化了，後來乾脆融入漢人堆裡，清朝的女真則屬於一直在老家沒搬家的窮親戚，甚至可能只是窮鄰居。所以努爾哈赤建了金國以後，就沒有延續金朝的金德或者土德——不過也可能他壓根兒就不知道還有五德這類有趣的花樣可玩。

努爾哈赤光想著在關外建國，跟明朝對著幹了，他還未必有得天下之志。等到他兒子皇太極繼位，那傢伙眼光遠，野心大，瞧著明朝一天比一天爛下去，覺得自己也有機會入主中原，當中國皇帝，於是他就把部族名字和國家名字全都給改了。部族從女真改為滿洲，國家從金改為清。「滿洲」有兩個水字邊，「清」字又一個水字邊，大概打算用三條水來澆滅明朝的三重火。

然而這也只是民間的習慣說法，清朝跟明朝一樣，也沒有公開宣稱自己的德性。民國初年續修的《儀封縣誌》上記載，說十堡村的村民曾經在村裡火神廟前面挖出過一具鐵牛，上面的字已經被侵蝕得很難辨認了，只能模糊地瞧出前面寫著「水德」，末行有「大清」、「乾」、「四十四」等字樣。這也屬於後人附會，真擱在清朝，正經讀書人不會寫這樣的字眼。

因為事實上，清朝別說德性了，就連正經的尚色都沒有——皇帝是穿明黃，可是祭祀天地祖宗並不要求黃牛、黃羊、黃豬、黃狗什麼的，至於旗號更跟北周似的，四色俱全。我們知道，努爾哈赤把女真本族人都分了八旗，也就是正黃、正白、正紅、正藍和鑲黃、鑲白、鑲紅、鑲藍。後來皇太極照貓畫虎，把歸附的蒙古人和漢人也各分八旗，就是所謂的「蒙古八旗」和「漢軍八旗」。所以皇帝穿黃袍子，很大原因是因為皇太極起初是領著鑲黃旗的，後來他更奪取了正黃旗和正藍旗，就稱為「上三旗」——再後來多爾袞把正藍旗剔了出去，改成了自己的正白旗。這三旗全都由皇帝親領。

所以看吧，正經清軍出陣，旗分四色（入關後再加上新附的漢軍綠營，打綠旗，就是五色），就算皇帝親征，打的黃色旗也未必是他獨自一份，可以說旗號上壓根兒就沒有單一的尚色。

不過五德不搞了，並不說明清朝人不信五行。我們可以這麼說，五德是統治階級搞的玩意，屬於陽春白雪，老百姓搞不懂，等到統治階級懶得玩了，老百姓也不會再把它撿起來；而陰陽五行是下里巴人，從歷代君王、大儒到街邊要飯的，多少都知道一點，算命瞎子更是滿大街嚷嚷，所以五德敗落了，五行卻還繁盛，甚至一直繁盛到今天。

所以清朝人上從皇帝，下到黎民，還是普遍相信陰陽五行的。舉例來說，清朝護衛北京城的八旗兵就是按照五行相剋來確定居住方位的。東方屬木，金剋木，而金色尚白，所以正白旗和鑲黃旗就都拆遷去了東直門和朝陽門。

這就是五德學說最後的餘光，大多只存在於民間傳說之中，老百姓沾著點風就是雨，神神祕祕地聊起德性來總比「今天天氣如何」要過癮得多，官方則懶得理會。從宋朝以後，事實上五德學說已經逐漸沒落了，正經人不搞這個，除了作為老百姓的話題外，也就一些無聊的落魄知識份子、喜歡怪力亂神的玄幻小說作者才會有興趣了。

舉例來說，大部分清朝人都不知道明朝還有德性一說，而關於自家是水德，也只能在後院跟著瞎聊而不敢堂而皇之記在書上。康熙年間，皇三子胤祉和福建文人陳夢雷主持編纂了一部《古今圖書集成》，其中考證歷代的德性，光寫到金朝就算完了，根本沒提元、明、清三代。

清代的兩種小學課本《讀書紀數略》和《幼學歌》都把歷代王朝的德性當基本文化常識來教給小孩子，下限也只到宋朝。再後面就不提了，要不萬一碰上個愛較真的孩子，問老師說元朝金德、明朝火德、清朝水德，是記載在哪本大學教材裡的啊，就沒法回答了。壓根兒就沒有，上哪給你找去？總不能拿出本地攤文學來糊弄孩子吧。

因為經過了宋朝的反思，讀書人大多覺得這套理論不靠譜，年代越久，很多事情就越是說不圓，既然說不圓，乾脆不說了，免得丟人現眼。於是乎，曾經光輝萬丈的五德學說，也就逐漸被掃進了歷史的垃圾堆。

可沉渣也總有泛起的可能。辛亥革命以後，民國建立，五德這一套本該走到了尾聲，誰承想又冒出個袁大頭袁世凱來妄圖復辟，想建一個中華帝國，定年號為「洪憲」。

據說這洪憲年號的來源很有點意思，本來最初擬定的年號是昭武，後來有人翻書翻到了，說這個年號是當初吳三桂造反時用過的，不吉利。於是突然有「高人」出現，說不如用「洪憲」吧，明朝開國年號是洪武，清朝心腹大患有洪秀全，武昌起義的領袖叫黎元洪，都帶一個「洪」字，當真大吉大利。於是袁世凱下詔允准。

按道理說，老袁家往前推有袁紹、袁術兄弟倆，自稱是大舜的後裔，舜乃土德，而土又恰好剋了清朝的水，袁大頭的洪憲新朝不管用哪個理由都應該應了土德才對。可惜他手下全是些糊塗蛋（以「籌安會」那位楊度的學問，按說不應該瞧不出來），也不知道是誰給出了個餿主意，這「袁朝」居然就奉了火德，登基那天還拿了些紅油漆把紫禁城塗了個遍。木生火，火剋金，根本沒關聯，他們不會因為清朝的前身是後金，所以想當然誤以為清朝算金德了吧？

最終袁氏倒臺，繼續民國。民國最早是打的五色旗，後來蔣總司令北伐，名義上推翻北洋政府，統一中國，給換成了青天白日旗。據說，林語堂先生當年曾經拿青天白日旗開玩笑，說青天青天，這旗主色是青，那民國該是木德。袁世凱不是正統，連「閏統」都算不上，拋開不提，清朝是水德，水生木就恰好是民國了。

是糟粕就該摒棄

五德學說終於步入尾聲？越想圓就越離譜，終被官方拋棄。

老祖宗的東西有精華也有糟粕，而且隨著歷史的發展，這糟粕也就越來越多——有些是曾為精華，但所適用的環境不存在了，所以變成了糟粕；還有些是人為地扭曲精華，給生拗成了糟粕。

比方說，陰陽尚有可用，五行就是糟粕，而建構在五行基礎上的五德，那就更是糟粕得無以復加了。為什麼說陰陽尚有可用呢？因為陰陽學說內含著樸素的辯證法，所有事物都可以粗分為相互融合和相互排斥的兩個方面，你叫它正反也罷，叫它對錯也罷，古人叫它陰陽，也不見得不合適。可是五行呢？你倒是把所有事物都給拆成五份來看看？或者把所有事物都分成五類來瞧瞧？這個大難題古人就從來沒捋清楚過，因為這條路壓根兒就走不通。

可是正如梁啟超所說：「陰陽五行說為二千年來迷信之大本營，直至今日，在社會上猶有莫大勢力。」他說的是清末和民國初期，可誰料想一直到今天，這套歪理仍然「在社會上猶有莫大勢力」，還沒有被扔乾淨。就不說現在很多人給孩子起名都還要排個八字、論個五行了，也不說風水大師們這些年一個個都富得流油了，單舉一個例子，就連民國初年的「五色旗」，到今天還有人說那是對應的五行、五色。

五色旗是北洋政府的旗子，旗面從上到下，分為赤、黃、藍、白、黑五色橫長方條。前面說了，五行相對應的五色應該是赤、黃、青、白、黑，這青色是指綠色而非藍色，五行裡哪有藍色的位置呢？難道是受了李自成大順朝的影響？這說不通啊。

事實上，五色旗是從清朝海軍一二品大員的官旗演化而來的，除了黑色，前四色都是滿清八旗的旗色。努爾哈赤編八旗的那時，後金國還在東北老林子裡折騰呢，完全沒文化，不知道中原王朝向來作為正色的五行色，所以才撇了綠，來了個藍。也就是說，這跟五行一點關係都沒有。

北洋政府定了五色旗，本意是借用這五種顏色來代表漢、滿、蒙、回、藏五個大民族，即所謂「五族共和」，你實在不能把這五族再跟五行聯繫起來吧。

孫中山很討厭五色旗，他曾經說過：「此民國之不幸，皆由不吉之五色旗有以致之也。」好吧，他說「不吉」，看起來他內心的迷信根子也還沒有盡除。也許他是因為恨北洋從而連帶恨上了五色旗。

話題扯遠了，再拉回來說。陰陽五行是古人的一種原始宇宙觀的組成部分，比起古希臘、古印度的地、水、火、風四元素說，不見得就落後，同樣也不見得就高明。這套理論多少能夠解釋一些事物現象，所以古人信了，用了。可是等社會和科技發展到今天，要還有人篤信不疑，甚至還要加以運用，那就太搞笑了。

五德是建築在五行基礎上的。最早鄒老教授創造出來，是想要尋找社會發展、王朝更替的規律，後來董仲舒、劉歆等大儒加以修訂，是為了給君主統治編造上應天道的理由。然而這理由既然是硬生生編造出來的，當然不可能真跟事實同符合契，所以一朝朝、一代代就開始隨心所欲地重新、反覆修改，越改就越離譜，越改就越不圓，於是終於被一腳踢進了歷史的垃圾堆。

反過頭來再看歷朝歷代對五德的推演，尤其是那幾場大辯論會，就可以瞧得出來，只要你夠膽並且嘴上功夫厲害，怎麼說都有理。

就拿清朝來舉例。清朝並沒有正經公布過自己的德性，所以後人猜測的很多，上面說的清朝尚水德，只是最常見的一種說法。然而詭異的是，直到今天，仍然還有人在研究這個問題，並且得出了種種稀奇古怪的結論。比方說，有人就提出來了，宋朝既然是火德，那麼元朝就該是水德，明朝就該是土德，清朝就該是木德，這樣才能後一個穩穩地剋上前一個。清朝滿洲名字裡的三條水，那是因為水生木，是為了繁茂木德而定的。

還有人說，後金和清朝的德性其實是不同的，清朝雖然屬水，後金卻該屬金。因為「一六一六年丙辰濕土生金而建國，一六一九年己未土旺生金而在薩爾滸之戰大敗明軍，一六二六年丙寅火旺而被明軍擊斃大汗努爾哈赤，一六三六年丙子水旺之年，改國號為清，其五行屬性轉為水，正值興旺之時，從此勢不可擋，一六四四年甲申水得長生，清軍入關，清朝遷都北京，開始對全國的統治……」這理由我完全是一頭霧水，不知道誰能看得懂。

再舉民國的例子，民國是什麼德性？反正怎麼說怎麼有理。先假定清朝是水德，那麼民國可以是剋水的土德，也可以是水生的木德。「青天白日」有個「青」字（其實是藍色）也正應著木德，可是也有個「白」字，為什麼不算金德呢？而且大家千萬別忘了，後來孫中山還給「青天白日」添了「滿地紅」哪，為什麼就不可以是火德？清帝是被迫退位的，所以按照從前的例子，民國也可以延續清朝的水德（就真有人說北洋政府還該是水德），而按照上面提過的那位仁兄所言，一個朝代分兩個階段也能應兩個德，北洋政府和國民黨政府雖然都號「中華民國」，那也可以分成兩個德性嘛。

你瞧瞧，金、木、水、火、土五德都齊全了。幸虧這一套雖然在民間還有市場，官方卻早就丟棄了，要不還得召開大討論會。

既然是糟粕，還是應該徹底地摒棄為好。

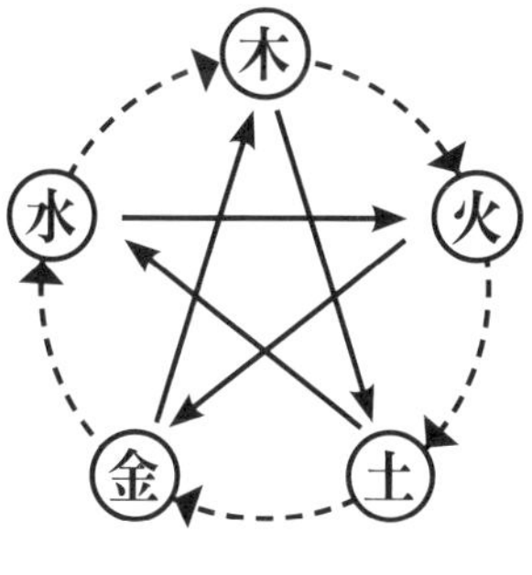
木
火
土
金
水
生
剋

國家圖書館出版品預行編目資料

馬伯庸笑翻中國簡史：從戰國到民國，揭密兩千年朝代更迭德性史 / 馬伯庸著 . -- 臺北市：三采文化股份有限公司 , 2021.01
面；　公分 . -- (iThink；9)
ISBN 978-957-658-469-5(平裝)

1. 中國史 2. 通俗史話
610.9　　109019666

封面圖取自故宮典藏畫作〈明世宗坐像　軸〉。

suncolor 三采文化集團

iThink 09

馬伯庸笑翻中國簡史

從戰國到民國，揭密兩千年朝代更迭德性史

作者｜馬伯庸
副總編輯｜鄭微宣　責任編輯｜陳雅玲　選書編輯｜戴傳欣
美術主編｜藍秀婷　封面設計｜李蕙雲　版型設計｜李蕙雲
版權負責｜孔奕涵　內頁排版｜theBand · 變設計— Ada

發行人｜張輝明　總編輯｜曾雅青　發行所｜三采文化股份有限公司
地址｜台北市內湖區瑞光路 513 巷 33 號 8 樓
傳訊｜TEL:8797-1234　FAX:8797-1688　網址｜www.suncolor.com.tw
郵政劃撥｜帳號：14319060　戶名：三采文化股份有限公司
本版發行｜2021 年 1 月 20 日　定價｜NT$420

Original title：马伯庸笑翻中国简史 By 马伯庸

suncolor